굿모닝북스 투자의 고전 **3**

다우 이론
The Dow Theory

굿모닝북스 투자의 고전 3

다우 이론
The Dow Theory

로버트 레아 지음 | 박정태 옮김

굿모닝북스

〈목차〉

서문…………7

1. 다우 이론의 진화…………13

2. 해밀턴이 해석한 다우 이론…………26

3. 주가 조작에 대하여…………35

4. 평균주가는 모든 것을 전부 반영한다…………40

5. 다우 이론이 100% 완벽한 것은 아니다…………50

6. 다우의 세 가지 시장 흐름…………59

7. 기본적인 주가 흐름…………63

8. 대세하락 흐름…………66

9. 대세상승 흐름…………76

10. 2차적인 주가 흐름…………87

Theory

11. 매일매일의 주가 등락··········108

12. 두 가지 평균주가는 반드시 서로를 확인해주어야 한다··········110

13. 추세를 판단하기··········120

14. 박스권의 중요성··········125

15. 주가와 거래량의 관계··········135

16. 이중 천정과 이중 바닥··········146

17. 개별 종목의 특성··········151

18. 투기란 무엇인가··········154

19. 주식 투자의 철학··········165

〈해설〉 다우 이론과 로버트 레아··········176

서문

나는 다우 이론이 주식시장의 흐름을 예측하는 데 매우 합리적이며 확실한 수단이라는 강한 확신을 제외하고는 내가 쓴 이 책을 특별히 옹호할 아무런 이유도 없다.

내가 그랬던 것처럼 누군가가 성인이 된 이후 평생 동안을 침대에 누워 지내며, 다른 사람들은 결코 누리지 못하는 개인적인 연구와 탐색을 할 수 있는 기회를 가질 수 있고, 또 이런 특권을 이용해 자신보다 더 운이 좋은 사람에게 즐거움을 줄 수 있다면 그 사람은 절대 삶의 의욕을 잃지 않을 것이다.

지난 10여 년 동안 나의 경제적 활동은 전부 침대 위에서 이루어졌다. 나에게 유일한 낙은 경제 전반을 연구하는 것이었고, 특히 주식시장과 기업 경기의 흐름을 분석하는 것이었다; 다우 이론 덕분이었는지, 아니면 그저 운이 좋았기 때문인지 나는 1921년 바닥권에서 약간의 주식을 매수해 1929년 대상승장이 마지막 국면을 지날 때까지 보유 주식을 팔지 않았다. 더구나 주가 대폭락 이후 2년간은 약간의 공매도를 했는데, 이 역시 다우 이론 덕분이었는지, 아니면 그저 운이 좋았기 때문인지 모르겠다. 어쨌든 주식시장을 열심히 연구한 보상은 그렇게 해서 충분히 받은 셈이 됐다. 내가 실제로 활용했던 것처럼 다우 이론을 제대로 설명할 수만 있다면 이 책을 읽는 다른 사람들도 나처럼 큰 도움을 받을 수 있을 것이다. 어떤 식으로든 그렇게 되기를 희망한다.

나는 나 자신은 물론 내가 아는 친구들-모두들 주식시장을 진지하게 연구하는 친구들이다-이 활용할 수 있도록 매일매일의 거래량도 함께 표시한 다우존스 일간 주가 차트를 만들었다. 이 작업을 하는 데는 당초 예상했던 것보다 훨씬 더 많은 노력과 비용이 들어갔는데, 이로 인해 주가 차트 책자를 다량으로 인쇄해 유료로 판매해야 했다. 판매를 시작하자 수요자들의 반응은 즉각 나타났다. 또한 다우 이론과 지금은 고인이 된 윌리엄 피터 해밀턴 〈월스트리트저널〉 전 편집국장의 칼럼과 관련해 내가 소개한 글에 대해 500통이 넘는 독자들의 문의 편지가 답지하는 부수적인 효과도 거둘 수 있었다. 이 책은 바로 편지를 보내준 독자들에게 답을 하기 위해 쓴 것이다. 이들 독자 가운데 많은 수가 지금 나와 친구처럼 지내고 있고, 내가 다우 이론을 연구하는 데도 기여하고 있다.

비평가들 입장에서는 내가 이 책에서 다룬 주제에 대해 틀림없이 문제점을 지적할 것이다. 또 내가 이끌어낸 결론과 정의에 동의하지 않는 사람들도 많을 것이다. 그러나 저작자로서 내가 가진 한계를 따뜻하게 이해하면서 이 책을 읽어준 독자들이라면 주식을 거래하는 데 이 책의 내용이 어느 정도 도움이 될 수도 있을 것이다. 내가 이 책을 쓴 것도 실은 바로 이런 사람들 때문이다.

로버트 레아
콜로라도 주 콜로라도스프링스에서
1932년 3월 10일

휴 밴크로프트의 서문

다우 이론이라고 하면 지금은 고인이 된 찰스 H. 다우와 윌리엄 피터 해밀턴이 남긴 주식시장에 관한 지혜의 종합이라고 말하는 게 가장 적합할 것이다.

다우는 전국적인 금융뉴스 통신사이자 〈월스트리트저널〉을 발행하고 있는 〈다우, 존스 앤드 컴퍼니〉의 설립자 중 한 명이었고, 〈월스트리트저널〉의 초대 편집국장을 맡아 세상을 떠날 때까지 신문을 이끌었다.

해밀턴은 다우에 이어 〈월스트리트저널〉의 편집국장을 맡아 20여 년간 이 신문을 더욱 화려하게 키워냈다. 해밀턴은 기자 초년병 시절 다우와 아주 가깝게 지낸 동료이자 후배 기자였다.

주식시장에 상장된 개별 종목들의 주가는 늘 오르락내리락 한다. 다우는 이 같은 주가 등락의 기저에는 반드시 시장 전반을 지배하는 추세라는 게 존재한다는 사실을 밝혀냈다. 벌써 30여 년 전에 그가 이처럼 혁신적이며 훌륭한 개념을 제시했다는 게 놀라울 따름이다. 당시까지 주식시장에서는 개별 종목들의 주가란 전체 시장과 아무런 상관관계가 없으며, 특정 기업이 처해있는 상황에 따라, 또 해당 종목을 거래하는 투기자들의 현재 분위기에 따라 결정된다고 생각했다.

해밀턴은 다우 이론이 "의미하는 것"을 찾아내 이를 발전시켰다. 해밀턴에게 주식시장은 경제의 바로미터였다. 그에게 이 바로미터는 앞으로 나타날 수 있는 추세를 예측해주는 수단이기도 했다. 그는 이 바로미터를 읽어내는 뛰어난 기술을 개발했고, 그가 읽어낸 내용을 〈월스트리트저널〉에 "주가의 흐름(The Price Movement)"이라는 제목의 칼럼으로 썼다.

다우가 자신의 주식시장 이론에 대해 쓴 글은 1900~02년 사이 〈월스트리트저널〉에 쓴 몇 편의 칼럼이 전부다.

해밀턴은 1922년 《주식시장 바로미터》를 출간했는데, 이 책은 그가 남긴 수많은 칼럼과 함께 그가 제시한 이론의 원전이라고 할 수 있다.

이 책을 쓴 로버트 레아는 다우와 해밀턴의 저작을 아주 열심히 연구했고, 이를 토대로 개인 투자자와 투기자들에게 시장 흐름을 알려주면서 다우 이론을 널리 전파하는 아주 귀중한 일을 해오고 있다.

휴 밴크로프트*
1932년 5월 21일

---

* 휴 밴크로프트는 윌리엄 피터 해밀턴에 이어 〈월스트리트저널〉 편집국장과 〈배런스〉 편집인으로 일했다.

1

다우 이론의 진화

찰스 H. 다우는 미국에서 가장 영향력 있는 경제 뉴스 통신사인 〈다우, 존스 앤드 컴퍼니Dow, Jones & Company〉의 설립자며, 1902년 세상을 떠날 때까지 편집인으로 일했던 〈월스트리트저널The Wall Street Journal〉의 창간 발행인이었다. 그는 유명을 달리하기 전 몇 해 동안 주식 투자에 관한 칼럼을 여러 편 남겼는데, 이 글들은 주식시장을 바라보는 그의 시각과 관찰의 결과를 읽어볼 수 있는 유일한 기록이다. 주식시장에 대한 그의 관찰은 다우존스 평균주가를 산정하는 데 포함되는 산업 및 철도 기업의 주가가 매일매일 어떻게 움직이는가에 바탕을 두었다.

찰스 다우는 자신이 주식시장을 관찰한 결과를 가리켜 다우 이론이라고 이름 붙이지 않았다. 다우 이론이라는 이름은 그의 친구이자, 1902년 《주식 투자의 기본The A B C of Stock Speculation》이라는 책을 쓴 S. A. 넬슨이 붙인 것이다. 주식시장을 해석하는 다우의 방식을 실제 투자의 세계에서 처음 설명하려 했던 인물도 실은 넬슨이었다.

오늘날에는 많은 성공적인 투자자들이 다우존스 산업 평균주가와 철도 평균주가를 지금까지 고안된 주가 지표와 경기 지표 가운데 가장 믿을 만한 것이라고 손꼽고 있다. 이들은 매일매일 변동하는 다우존스 평균주가의 움직임에서 이끌어낸 추론을 가리켜 "다우 이론"이라고 이야기한다.

〈다우, 존스 앤드 컴퍼니〉는 1896년까지 한 가지의 평균주가만 발표했지만 1897년 1월 1일부터 평균 주가를 산업 평균주가와 철도 평균주가로 나눠서 발표하기 시작했다.(1929년 말부터는 그 해 1월 1일을 기점으로 해서 다우존스 공기업 평균주가가 새로 발표되기 시작했다.) 찰스 다우가 글을 쓴 시기를 돌아보면 그가 두 가지 평균주가를 자세히 관찰할 수 있었던 기간은 기껏해야 5년에 불과하다. 이 같은 짧은 기간에 그가 두 가지 평균주가의 움직임에 기초해 너무나도 유용한 이론의 기초를 닦았다는 것은 놀라울 정도다. 물론 그가 내린 결론 가운데 일부는 나중에 오류였음이 드러나기도 했던 게 사실이다. 그러나 찰스 다우가 세상을 떠난 뒤 28년간 주식시장의 흐름을 통해 검증한 결과는 그가 세운 이론적 토대가 매우 탄탄했음을 말해주고 있다.

찰스 다우의 밑에서 일했던 윌리엄 피터 해밀턴은 다우 이론을 본격적으로 연구했고, 주식시장의 흐름을 예측한 그의 여러 칼럼을 통해 다우 이론의 해석을 시도했다. 주식시장에 대한 그의 예리한 관측과 예상은 거의 정확히 들어맞았다. 이 같은 정확성에 힘입어 1929년 12월 그가 세상을 뜨기 전까지 〈월스트리트저널〉에 실린 그의 칼럼은 가장 유명한 기사 가운데 하나로 손꼽혔다.

해밀턴은 1922년《주식시장 바로미터The Stock Market Barometer》라는 책을 썼는데, 그는 지면의 한계가 있는 칼럼을 통해서는 다 적을 수 없는 다우 이론의 보다 자세한 내용들을 이 책에서 설명했다. 이 책은 출간과 함께 엄청난 반향을 일으켰고, 상업적으로도 대단한 성공을 거두었다.(특히 영국의 저명한 경제학자들은 출간 초기부터《주식시장 바로미터》에 높은 가치를 부여했다. 이들은 이 책이 주식 투자 분야의 귀중한 공헌이라며 1923년에 해밀턴을 왕립통계학회Royal Statistical Society의 정식 회원으로 선출했다.) 이 책은 가히 폭발적인 논쟁의 소용돌이를 몰고 왔고, 아직도 그 반향을 여러 경제 관련 칼럼에서 발견할 수 있을 정도다. 논쟁이 벌어지게 된 가장 큰 원인 가운데 하나는 정교한 통계적 연구조사를 통해 주식시장의 흐름을 예측할 수 있다고 주장하는 사람들이 제공했는데, 이들은 다우 이론의 유용성에 동의하려고 하지 않았다. 매우 현실적이고 유용한 다우 이론에 대한 이들의 비판은 한마디로 다우 이론이 바탕을 두고 있는 원칙에 무지했기 때문이다.

1902년으로 거슬러 올라가 그 이후부터 본격화한 자동차의 개발 과정과 다우 이론의 발전 과정을 되돌아보면 상당히 흡사하다는 점을 발견할 것이다. 자동차의 경우 탈착식 림과 전등, 자동 시동기, 개선된 동력장치 등 편리하고 믿을 수 있는 교통수단으로서 꼭 갖추고 있어야 할 수많은 개량 장치들이 여러 엔지니어들에 의해 1902년 이후 하나씩 개발됐다. 다우 이론 역시 이와 마찬가지로 해밀턴의 손에 의해 1902년부터 1929년까지 검증되고 또 발전되어나갔다. 해밀턴은 수십 년간에 걸친 평균주가의 움직임을 기초로 해서 주식시장은 물론 경제활동의 전반적인 흐름까지 예측할 수 있는, 아주 정교하며 그 어느 방법보다 신뢰성 있는 방법을 제시했다.

과거의 경제적 기록에서 얻어낸 수많은 수치들을 한데 뭉뚱그려 나름대로 미래의 흐름을 예측할 수 있는 지수를 만들어내는 것은 그렇게 대단한 작업이라고 할 수 없다. 문제는 이런 모든 작업이 과거의 수치를 바탕으로 해서 이루어지며, 따라서 불가피하게 역사는 되풀이될 것이라는 전제를 기본으로 할 수밖에 없다는 점이다. 그런 점에서 어떤 지수의 유용성을 받아들이기 이전에 반드시 그 지수가 지금까지 발전되어온 상당히 오랜 세월 동안 제대로 검증을 받았는지 따져봐야 한다. 다우 이론은 이런 검증 과정에서 당연히 살아 남았다.

다우 이론은 미래를 예측할 수 있는 수단을 제공하며, 또한 자기 조절 능력도 갖추고 있다. 다우 이론의 효율성은 해마다 검증됐고, 그렇게 검증된 세월이 벌써 30년이 넘는다. 해밀턴은 이 기간 동안 다우 이론을 성공적으로 적용해 〈월스트리트저널〉에 수많은 기사와 칼럼을 썼으며, 다우 이론은 그의 예측이 의문의 여지가 없을 정도로 정확했다는 점만으로도 충분히 검증됐다고 할 수 있다. 아쉬운 점은 그가 다우 이론을 훌륭하게 적용해 미래의 주가 움직임을 너무나도 분명하게 예측했지만 그의 겸손함으로 인해 이 같은 기사와 칼럼들을 한 권의 책으로 묶어 출간하지 않았다는 것이다.

이 책의 저작 의도는 다우 이론을 주식 투자의 유용한 수단으로 활용하고자 하는 사람들에게 안내서를 제공하려는 것이다. 그래서 필자만이 갖고 있는 생각이나 경험은 가능한 한 적게 쓰려고 노력했다. 대신 다우존스 평균주가의 의미와 함축성과 관련해 해밀턴이 쓴 모든 글들을 전부 수집했고, 매우 세밀하게 연구했다. 그러나 그의 글을 그대로 사용할 수 있는 범위에서는 최대한 그대로 옮겼다. 다우존스 평균주가를 공부하려는 투자자들에게 이 책은 그가 남긴 절묘한 코멘트를 쉽게 찾아볼 수 있도록 주제별로 분류한 일종의 스크랩북으로 사용될 수도 있을 것이다. 이 책에서 특별한 언급 없이 인용한 글들은 전부 해밀턴이 〈월스트리트저널〉과 〈배런스Barron's〉에 쓴 기사와 칼럼들이다. 별도의 책으로 구성한 《주가의 흐름》(투자의 고전 제 4권으로 출간됐다-옮긴이)은 1903년부터 1929년까지 그가 쓴 주가의 흐름에 관한 기사와 칼럼을 전부 모아서 엮은 것이다. 혹시 이 책에서 해밀턴의 코멘트를 필자 나름대로 해석한 내용에 의문이 드는 독자가 있다면 해밀턴이 직접 쓴 글에서 그가 내린 결론을 찾아보기 바란다.

다우 이론을 공부하면서 해밀턴이 쓴 글 한편한편을 자세히 연구한다면 평균주가를 예측하는 데 상당히 수준 높은 기술을 터득할 수 있을 것이다. 그러나 이 같은 연구를 진행하기에 앞서 우선 다우존스 평균주가를 표로 만들어 살펴보는 작업이 필요하다. 이와 함께 철도 평균주가와 산업 평균주가의 일간 주가 흐름을 차트로 그려보는 것 역시 다우 이론을 공부하는 투자자에게는 필수적이다. 일간 차트에 거래량도 함께 나타낸다면 더욱 유용할 것이다. 해밀턴은 시장 흐름을 파악하기 위한 증거를 수집하고 결론을 내릴 때 늘 이 같은 표와 차트를 사용했다. 스스로 차트를 그려가며 공부하게 되면 어느 순간 멋진 그림이 눈앞에 펼쳐지듯이 주가 흐름이 한눈에 들어오는 기막힌 경험을 할 수 있을 것이라고 덧붙이고 싶다.

또 해밀턴이 쓴 글을 통해 정말로 귀중한 가르침을 얻고자 한다면 가장 먼저 그의 글 한편한편을 아주 꼼꼼하게 읽어봐야 한다. 해밀턴이 처음 10년간 썼던 글은 나중에 쓴 글들에서 느낄 수 있는 명쾌함이 덜한 편이다. 그는 언제나 자신이 말하고자 하는 내용을 간결하고 분명한 어조로 이야기했는데, 초기에 쓴 글들을 보면 그 정도가 너무 심했던 것 같다. 그 뒤로 해밀턴은 다우 이론을 배우려는 사람들이 보다 자세한 설명을 원한다는 사실을 알게 됐다. 어쨌든 연역법을 따른 그의 논리적 추론은 〈월스트리트저널〉 편집국장으로 재직한 마지막 20년 기간 중에 더욱 정교하게 자리를 잡았다. 그런 점에서 그가 다우 이론에 근거해 주식시장을 예측한 1910년 이후의 글들을 읽은 다음, 그 이전 글들을 읽어보는 것도 괜찮을 것 같다. 이미 다우 이론에 대한 실전적인 지식을 터득했다면, 그의 글은 고스란히 투자 수익으로 연결될 수 있는 보다 상세한 연구 결과물이 될 것이다.

오래 전 학창 시절 수학 문제집을 보면 열심히 답을 푼 다음에는 책의 맨 뒤에 나와있는 정답과 풀이과정을 보고 자신의 답이 정확한지 확인할 수 있도록 해두었다. 이런 방법은 다우존스 평균주가의 진정한 의미가 무엇인가를 배워나가는 데도 아주 유용하다. 해밀턴이 쓴 글을 읽으면서 그가 주가 예측을 한 날짜를 차트 위에 표시하고, 그 이전의 주가 흐름이 어떻게 이어졌는지 자세히 살펴보는 것이다. 그 다음에 차트를 연구해가면서 앞으로 주가 흐름이 어떻게 될지 나름대로 이유를 붙여서 예측해본다. 그리고 해밀턴이 그 날 주가 예측을 하면서 어떤 내용을 썼는지 읽어보고, 차트 상에 나타난 그 이후의 주가 흐름과 비교해가면서 해밀턴과 당신의 예측이 얼마나 정확했는지 비교해볼 수 있다.

다우 이론의 유용성은 세월이 지날수록 더욱 빛을 발한다. 다우는 불과 몇 년 되지 않는 자료를 가지고 이 주제를 연구했지만 지금은 35년간의 역사적 데이터를 이용할 수 있다. 앞으로 몇 십 년이 지난 뒤에는 지금보다 훨씬 더 많은 자료로 더욱 우수한 결과물을 얻어낼 수 있을 것이다. 다우는 단정적인 예측을 내놓는 성격이 아니었다. 그의 이같은 조심스러움은 자신의 이론이 얼마나 뛰어난 것인가를 입증할 만한 충분한 자료가 없었다는 데서 기인하는 것인지도 모른다. 다우 이론으로 무장한 해밀턴의 주가 예측이 시간이 흐를수록 점점 더 정확해진 것도 자료의 축적에 따른 것이다. 나중에 설명하겠지만 해밀턴도 1926년에는 결정적인 실수를 저지르기도 했다. 그러나 그의 실수는 사실 다우 이론이 얼마나 널리 활용될 수 있는가를 알려주는 증거이기도 하다. 해밀턴 자신이 정확한 주가 예측을 할 때마다 지적했듯이 다우 이론이라고 해서 절대로 실패 확률 0%의 완전무결한 것이 아니라는 점을 여실히 보여주었기 때문이다.

다우 이론은 기본적으로 매우 단순하고 실제 경험에서 우러나온 것이다. 다우 이론은 찰스 다우 자신이 고안해낸 다우존스 평균주가에 관한 연구에 바탕을 두고 있다. 다우는 그의 이론을 이런 식으로 정의한 적이 없었다. 단지 1900년부터 1902년까지 〈월스트리트저널〉에 주식 투자를 주제로 한 일련의 칼럼을 쓰면서 자신이 시장에서 관찰한 내용을 제시하는 데 만족했을 뿐이다. 후에 해밀턴은 다우가 쓴 칼럼들을 기초로 다우의 관찰 결과를 주식시장의 흐름을 예측하는 데 실전적인 방식으로 적용했다. 이렇게 해서 해밀턴이 〈월스트리트저널〉과 〈배런스〉에 쓴 칼럼들은 주식시장의 추세를 예측하는 신뢰성 있는 준거틀로 활용됐고, 또 평균주가가 담고 있는 의미를 다우 이론에 기초해 해석할 수 있는 고도의 기술을 많은 독자들에게 가르쳐주었다.

찰스 다우는 주가 예측이라는 주제를 거의 다루지 않은 반면 해밀턴은 너무 많이 다뤘다. 또 다우는 자신이 관찰한 내용을 토대로 주식시장의 흐름을 예측하는 단정적인 칼럼은 감히 쓸 생각도 하지 않았다. 그러나 해밀턴은 그런 시도를 할 만큼 용기가 있었다. 따라서 이 책에서는 다우가 남긴 글을 분석하지 않을 것이다. 하지만 이 점은 분명히 해둘 필요가 있다. 해밀턴이 남긴 성과는 다우 이론에 기초한 것이었으며, 그의 선배이자 스승인 다우에 의해 개발된 것이었다. 해밀턴 자신도 독자들에게 이 같은 사실을 상기시켰다. 해밀턴은 주가 예측을 할 때면 서두에 이런 문구를 자주 썼다. "이미 고인이 된 찰스 H. 다우가 고안해낸 유명한 방식, 즉 다우존스 평균주가를 통해 주식시장의 흐름을 읽어내는 방식에 따르면……."

〈월스트리트저널〉이라는 신문이 지금까지 귀에 솔깃한 정보나 제공하는 "찌라시" 수준으로 전락한 적이 없다는 사실은 누구나 알고 있을 것이다. 또 해밀턴은 직업적인 "투자자문가"보다는 훌륭한 신문 편집인이었다. 그는 평균주가를 통해 미래의 주가 흐름을 명백하게 내다볼 수 있다고 해서 그 때마다 자신의 주가 예측을 칼럼으로 쓰려고 하지 않았다. 더구나 적극적인 성격이었던 해밀턴은 시의적절한 주제가 나타나면 그 쪽으로 눈을 돌렸고, 결과적으로 온종일 평균주가의 변동에 매달려 있을 시간적 여유도, 그럴 의사도 없었다. 또한 그는 자신의 주가 예측을 소위 투자자문회사들이 염치없이 이용하는 데 혐오감을 느낀 적이 여러 번 있었고, 이로 인해 오랫동안 주식시장의 움직임에 대한 글을 쓰지 않기도 했다.

해밀턴은 다우 이론이 갖고 있는 한계를 분명히 알고 있었지만 주가 예측 수단으로서 평균주가의 효용성을 대단히 신뢰했다. 그의 믿음이 어느 정도였는지 이해하기 위해서는 그가 25년간 썼던 수많은 칼럼 가운데 다음의 몇 구절을 읽어보면 충분할 것이다:

"평균주가에 관한 연구는 이 신문의 창업자인 찰스 H. 다우가 창안한 '다우 이론'에 기초한 것이다. 다우 이론을 소개한 책(앞서 언급한 S. A. 넬슨의 저작을 말한다–옮긴이)은 이미 절판된 것 같다; 그러나 간단히 요약하자면 이렇다: 주식시장에는 전체적으로–작용과 반작용, 상호작용이 만들어내는–세 가지의 명백한 흐름이 동시에 존재한다. 표면적으로 드러나는 흐름은 매일매일의 주가 등락이다; 두 번째 흐름은 강세장에서 반작용으로 나타나는 짧은 조정과 과매도 상태의 약세장에서 나타나는 급반등이다; 가장 중요한 세 번째 주가 흐름은 수 개월 이상에 걸친 주식시장의 추세를 결정지으며, 주식시장의 진짜 흐름이라고 할 수 있다.

다우 이론을 공부하려면 이런 사실을 염두에 두고 평균주가를 분석해야 한다. 큰 맥락에서 보자면 매일매일의 주가 등락은 별 의미가 없다. 2차적인 주가 흐름은 자칫 속을 수 있지만, 주식시장의 기본적인 흐름은 경제 전반의 진정한 바로미터로서 활용하기에 충분하다. 내가 전쟁(제 1차 세계대전-옮긴이) 발발 이전부터 써왔던 칼럼을 읽어보면 알 수 있듯이 이런 점을 마음에 새기고 주가 흐름을 연구하면 틀리는 경우보다 정확히 들어맞는 경우가 훨씬 더 많다. 또한 다우가 제시한 과학적이면서도 합리적인 원칙에서 벗어나게 되면 대부분 잘못된 결론으로 빠져든다." (1919년 8월 8일)

"다우 이론에 공감하는 독자들도 이렇게 물어온다. 다우존스 산업평균주가와 철도 평균주가의 과거 움직임을 분석해 현재의 주식시장 흐름을 추정하는 방식이 과연 실증적이라고 할 수는 없지 않은가? 물론 그렇다. 하지만 전적으로 그런 것은 아니다. 이런 방식은 결코 엉터리가 아니다. 과거의 수많은 사례들로부터 도출해낸 결론에 대해서도 얼마든지 이런 의문을 제기할 수 있다. 중요한 것은 이런 방식이 제시하고 있는 과학적 정확성이다.

다우 이론 역시 인간이 만든 것이고, 당연히 한계를 갖고 있다. 그러나 그렇기 때문에 다우 이론은 지금까지 알려진 어떤 경기 지표도 근

접할 수 없는 수준의 뛰어난 예측 능력을 갖고 있다고 말할 수 있는 것이다."(《주식시장 바로미터》)

"주식시장의 세 가지 주가 흐름에 관한 다우 이론을 공부한 많은 사람들이 수학적인 정확성은 물론 심지어 손으로 잡을 수 있을 정도의 확실성을 요구한다. 하지만 그런 정확성은 없으며, 또 그렇게 확실할 필요도 없다."(1922년 10월 18일)

"어떤 이들은 주식시장에서 너무 많은 주가 흐름을 발견할 수 있다고 말한다. 특히 2차적인 주가 흐름이 그렇다고 한다. 그래서 이들은 주식시장 바로미터로는 경기를 예측할 수 없다고 생각한다. 그게 무슨 말인가? 사실 이들이 말하는 것처럼 정확한 예측 수단은 인간에게 불가능한 것이다. 또 내가 생각하기에는 현재와 같은 인간의 도덕적 수준에서는 이런 확실성이 있다 해도 그것을 신뢰할 수 없다. 이 세상을 산산이 부숴버릴 수 있는 한 가지 방법은 인간 세계의 관할권을 창조주로부터 넘겨받아 정말로 훌륭한 이타주의자에게 맡겨버리는 것이다.

주식시장 바로미터는 완벽하지 않다. 더 정확히 말하자면 주식시장 바로미터를 읽어내는 방식의 학문적 수준은 아직 성장 단계에 있고, 완벽해지기에는 상당한 거리가 있다.

일기예보에 관한 한 기상청에서 제공하는 자료가 가장 가치 있는 것으로 평가된다. 하지만 기상청은 올 여름이 건조할 것이라든가 포근한 겨울이 될 것이라고 억지로 예측하지는 않는다. 또 기상청에서 뭐라고 말하지 않아도 누구나 개인적인 경험을 통해 내년 1월의 뉴욕 날씨는 추울 것이며, 7월에는 무더울 것이라는 사실을 알고 있다.

주식시장의 흐름을 지배하는 법칙은 런던증권거래소든 파리증권거래소든, 베를린증권거래소든 어디서나 모두 절대적이다. 그러나 한 걸음 더 나아갈 수 있다. 이 법칙의 기저에 깔려있는 원칙들은 뉴욕증권거래소를 비롯한 전세계 증권거래소 전부가 문을 닫는다 해도 역시 절대적이다. 어느 나라든 가장 큰 도시에서 주식을 자유롭게 거래하는 시장이 만들어질 것이며, 그러면 증권거래소는 자동적으로, 또 불가피하게 다시 영업을 시작할 것이기 때문이다. 내가 아는 한 런던에서 발행되는 금융관련 간행물 가운데 어느 것도 다우존스 평균주가 같은 것을 발표하지 않고 있다. 하지만 런던 주식시장에서도 다우존스 평균주가 같은 역사적인 데이터를 구할 수 있다면 뉴욕 주식시장처럼 똑같이 주가 예측을 할 수 있을 것이다.

다우 이론은 경기 사이클이나 경제 시스템, 심지어 많은 사람들이 받아들이는 흥미로운 추론이나 유행 따위도 대수롭지 않게 여긴다. 다우 이론은 물론 이런 것들이 쓸모 있을 경우 전부 활용하고, 수집할 수 있는 다른 작은 정보들까지 모두 함께 이용한다. 주식시장의 움직임은 수집 가능한 모든 지식을 전부 반영하기 때문이다.

……다우 이론의 실용적인 기초는 그것이 현실적인 가설에 불과하다 할지라도 인간의 본성 그 자체에 있다. 번영이 시작되면 인간은 결국 도를 넘어서게 된다. 과도한 질주로 인한 때늦은 후회는 앞서 번영이 찾아왔던 것과 마찬가지로 경기 후퇴를 낳는다. 참혹한 패닉과 함께 어두운 시간이 몰려들면 노동자들은 일할 수 있는 직장이 있다는

것만으로도 감사하고, 적은 임금 가운데 일부를 저축해나간다. 자본가들 역시 적은 이윤이라도 만족하며 자본의 회전율을 높이는 데 주력한다.

 지금은 고인이 된 스푸너 전 상원의원은 의회에서 〈월스트리트저널〉에 실린 칼럼을 읽어주며 이런 말을 남겼다. '시장의 냉혹한 평결을 들어보시오.' 그는 시장이 내리는 평결이 가혹할 정도로 정확하다는 사실을 알고 있었다; 시장의 평결은 모든 증거에 기초하고 있고, 또 반드시 그래야만 하기 때문이다. 심지어 그 증거가 전혀 의식하지도 않고, 의도하지도 않은 증인에 의해 만들어진 것이라도 그렇다."(《주식시장 바로미터》)

2

해밀턴이 해석한 다우 이론

주식 투자자가 다우존스 평균주가에 기초한 과거 주가 흐름을 파악하는 것은 바다를 항해하는 선장이 조류의 흐름을 아는 것과 마찬가지로 필수적이다. 그러나 지난 35년간의 평균주가 흐름을 일일이 숫자로 파악하기는 어려우므로 그래프로 옮겨서 연구해야 한다. 다시 비유하자면 항해사에게 운항 차트가 중요한 만큼 매일매일의 평균주가를 나타낸 차트는 주식 투자자에게 매우 유용한 것이다. 그러나 항해사는 안전한 운항을 위해 꼭 필요한 장비인 바로미터를 항상 갖고 있다. 이와 마찬가지로 주식 투자자들에게도 시장의 날씨가 좋아질지, 악화될지, 아니면 그대로 이어질지를 예측할 수 있게 해주는 바로미터가 있다. 찰스 H. 다우와 윌리엄 피터 해밀턴이 고안해서 정리한 바로미터다.

다우 이론이라고 불리는 바로미터와 이것을 정확하게 읽어낼 수 있는 능력은 선장이 배를 운항하면서 바로미터를 제대로 이해하는 것만큼이나 주식 투자자에게 결정적이다.

다우 이론을 활용해 주가의 추세와 경기 흐름을 예측하려는 투자자에게 필요한 것은 그날 다우존스 산업 평균주가 및 철도 평균주가가 얼마에 마감됐는지, 그리고 뉴욕증권거래소의 전체 거래량이 얼마나 됐는지를 파악하는 게 전부다.

이번 장에서는 다우 이론과 여기서 사용하는 용어를 필자 나름대로 정의할 것이다. 용어 분류는 독자들에게 도움이 될 수 있도록 주제별로 정리했다. 다우와 해밀턴 두 사람 모두 정확한 용어 정의를 남겨놓지 않았고, 따라서 여기서 정의한다는 게 어쩌면 주제 넘은 일일지도 모른다. 필자가 이런 작업을 하기 시작한 것은 평균주가의 의미에 기초해서 10년 이상 주식 투자 경험을 쌓은 다음이었다. 또한 다우와 해밀턴의 저작들을 수 년간 연구했고, 다양한 분야에서 다우 이론을 공부한 전국 각지의 사람들-대부분이 성공적인 주식 투자자들이었다-과 서로의 의견과 경험을 나누었다. 이와 함께 오로지 평균주가의 움직임을 연구하기 위해 그야말로 수백 장의 차트를 직접 그렸다. 주가 흐름에 관해 해밀턴이 언급한 모든 내용은 평균주가 차트를 통해 실제로 검증했다. 이렇게 해서 내가 다우 이론을 정의하기 위해 자료를 해석하고 정리하는 데는 꼬박 10년 이상의 기간과 꾸준한 노력이 필요했다. 다우는 1902년 세상을 떠날 때까지도 다우 이론이라는 말을 사용하지 않았으므로 여기서 말하는 다우 이론은 해밀턴이 다우가 남긴 이론을 정제하고 응용하면서 발전시킨 생각이다.

이론으로 정립된 뒤에도 어느 분야에서든 예외가 존재하는 법이므로 다우 이론을 공부하면서 가장 좋은 방법은 평균주가 차트 위에 예외를 표시해 연구하는 것이다. 다우 이론이 절대로 실패하지 않는 완벽한 것이라고 믿고 주식시장에 접근했는데 자칫 틀릴 수도 있기 때문이다. 오랜 시간동안 이 같은 연구를 계속한다면 평균주가를 읽어내는 기술을 향상시킬 수 있을 뿐만 아니라 이런 능력을 바탕으로 투자 수익을 거둘 수 있을 것이다. 물론 평균주가를 해석하는 일은 실제 경험을 통해 확인해나가는 것이므로 실수를 저지를 수도 있다. 이런 일은 마치 외과 치료와 같아 아무리 훌륭한 외과의사도 때로는 잘못된 진단을 내릴 수 있기 때문이다.

다우 이론을 실전 주식투자에 적용할 때 경계해야 할 가장 큰 위험은 아마도 "초심자의 행운(beginner's luck)"일 것이다. 다우 이론을 활용한 초심자가 몇 차례 정확한 판단을 내린 이후 마치 항상 시장을 이길 수 있는 확실한 방법을 발견한 것처럼 생각하다가 시장이 보내는 신호를 잘못 읽는 것이다. 심지어 자신의 해석이 맞았지만 예외적으로 시장이 다르게 흘러갈 수도 있는데, 자신이 내린 결론을 고집한다면 참담한 결과를 얻을 수 있다. 이런 경우 대개는 다우 이론 자체를 비난하게 되지만 실제로 잘못은 투자자의 인내심이 부족한 데 있다.

여기서 정의한 다우 이론과 용어들 각각은 다음 장부터 자세히 설명할 것이다. 이 책에서 다루는 주제가 다소 어려울 수도 있다. 하지만 다우 이론은 기하학과 같아서 단순히 눈으로 교과서를 읽어보았다고 해서 쉽게 이해되는 분야가 아니다.

다우 이론을 성공적인 주식 투자 전략으로 활용하고자 한다면 반드시 다음 세 가지 명제는 절대적인 전제로 받아들여야 한다:

주가 조작–매일매일 변동하는 평균주가는 주가 조작 세력에 의해 영향을 받을 수 있다. 2차적인 주가 흐름 역시 어느 정도 한계는 있지만 주가 조작 세력이 영향을 줄 수 있다. 그러나 기본적인 주가 흐름은 어떤 주가 조작 세력도 절대 움직일 수 없다.

평균주가는 모든 것을 전부 반영한다–매일같이 변동하는 다우존스 산업 평균주가와 철도 평균주가는 모든 희망과 실망, 그리고 경제와 관련된 어떤 사실이든 그것을 알고 있는 모든 사람의 지식을 전부 반영한 종합적인 지수다. 그런 점에서 평균주가의 흐름에는 다가올 모든 사건(신의 섭리만은 제외하고)의 영향이 적절하게 할인돼 반영돼 있다. 또한 대홍수나 지진과 같은 자연적 재난들도 순식간에 평균주가에 반영된다.

다우 이론이 100% 완벽한 것은 아니다–다우 이론이라고 해서 완전무결한 시스템은 아니며, 늘 시장을 이길 수 있게 해주는 수단도 아니다. 다우 이론을 성공적인 주식 투자 전략으로 활용하기 위해서는 진지한 공부가 필요하고, 반드시 객관적인 시각으로 과거의 자료를 모으고 해석해야 한다. 이렇게 얻어진 결론보다 자신의 주관적인 바람이 앞서가서는 결코 안된다.

다우 이론의 토대라고 할 수 있는 이 같은 전제들을 절대적인 원칙으로 받아들일 수 없다면 다우 이론을 더 공부해봐야 혼란만 가중될 것이다.

다우가 창안한 원리를 명확한 이론으로 정리하는 작업은 무척이나 힘든 일이었지만 해밀턴의 손에 의해 1925년에 완성됐다. 이렇게 정리된 다우 이론을 실제 주식 투자에 적용해본 결과와 그 이후에 이루어진 연구는 굳이 해밀턴의 정리를 바꿀 필요가 없다는 사실을 알려주고 있다.

다우의 세 가지 주가 흐름—평균주가에는 세 가지 흐름이 있다. 이들 세 가지 주가 움직임은 동시에 이뤄진다. 가장 중요한 첫 번째 주가 흐름은 기본적인 주가 흐름이다: 몇 년간 이어질지도 모를 대세상승이나 대세하락과 같은 시장의 긴 강세 흐름 혹은 약세 흐름이다. 두 번째 주가 흐름은 매우 속기 쉬운 움직임으로, 시장의 2차적인 반동이다; 기본적인 주가 흐름은 강세장인데 급락한다거나 기본적인 주가 흐름은 약세장인데 갑작스럽게 랠리가 나타나는 것이다. 이런 2차적인 반동은 대개 3주에서 길어야 몇 달 정도 이어진다. 그리 중요하지 않은 세 번째 주가 흐름은 매일매일의 등락이다.

기본적인 주가 흐름—기본적인 주가 흐름은 통상 대세상승이나 대세하락으로 불리는, 주식시장의 기저에 흐르는 추세로 1년이 채 안되는 기간동안 지속될 수도 있고, 수 년간 이어질 수도 있다. 기본적인 주가 흐름의 방향을 정확히 판단하는 것이야말로 투자 성공의 가장 핵심적인 요소다. 기본적인 주가 흐름이 어느 정도까지 이어질지, 혹은 지속 기간이 얼마나 될지를 예측할 수 있는 방법은 없다.

대세하락 흐름 – 대세하락은 주식시장의 긴 하락 흐름으로, 중간중간에 결정적인 랠리가 나타난다. 대세하락은 다양한 경제적 문제들로 인해 야기되며, 앞으로 일어날 것으로 예상되는 최악의 상황까지 전부 시장에 반영돼 주가를 끌어내리는 요인으로 작용할 때까지 계속된다. 대세하락 흐름에는 세 가지 국면이 있다: 첫 번째 국면은 주가가 더 높은 가격으로 올라갈 수 있을 것이라는 희망을 포기하는 단계다; 두 번째 국면은 경기 부진과 기업 이익의 감소에 따라 주식을 매도하는 단계다; 세 번째 국면은 보유 자산의 일부라도 현금화하려는 투자자들이 우량주라도 주가에 관계없이 쫓기듯이 내다파는 단계다.

대세상승 흐름 – 대세상승은 주식시장의 전반적인 상승 흐름으로, 중간중간에 2차적인 조정이 나타나며, 평균적으로 2년 이상 이어진다. 대세상승 기간에는 경기 상황의 개선과 투자 분위기의 호전에 힘입은 투자자의 주식 매수 및 투기적 사재기에 따라 주식 수요가 늘어나면서 주가가 오르는 것이다. 대세상승 흐름에도 세 가지 국면이 있다: 첫 번째 국면은 기업 경기의 미래에 대한 신뢰가 되살아나는 단계다; 두 번째 국면은 기업 이익의 증가가 확인되면서 주가도 따라서 오르는 단계다; 세 번째 국면은 투기 열풍이 불어 닥치고 인플레이션이 확산되는 기간으로, 부풀려진 기대와 희망으로 주가가 올라가는 단계다.

2차적인 주가 흐름 – 2차적인 주가 흐름은 대세상승에서 나타나는 결정적인 하락과 대세하락에서 나타나는 결정적인 상승으로, 대개 3주에

서 몇 개월간 이어진다. 대세상승 흐름에서 2차적인 하락이 출현하면 직전 조정장을 끝낸 뒤 상승했던 오름폭의 최소 33%에서 최대 66%까지 내려가는 게 일반적이다. 마찬가지로 대세하락 흐름에서 2차적인 상승이 출현하면 직전 반등장을 끝낸 뒤 하락했던 내림폭의 최소 33%에서 66%까지 올라가는 게 일반적이다. 2차적인 조정과 반등은 종종 기본적인 추세의 반전으로 잘못 인식되기도 하는데, 사실 대세상승 흐름의 첫 번째 국면은 대세하락 흐름에서 나타나는 반등 흐름과 정확히 일치하기 때문이다. 대세상승 흐름에서 주가가 정점에 도달한 후 처음으로 떨어지는 과정 역시 2차적인 조정과 똑같다.

매일매일의 주가 등락─평균주가의 하루 움직임을 보고 어떤 결론을 내린다면 십중팔구 잘못되거나 의미 없는 것이 될 가능성이 높다. 다만 "박스권" 안에서 지지선이나 저항선을 만들어가는 경우가 유일한 예외가 될 것이다. 그러나 하루하루의 주가 등락도 반드시 기록해서 연구해야만 한다. 일정 기간 동안의 일간 주가 차트는 어떤 주가 패턴을 완성시키게 되고, 이는 향후 주가를 예측하는 데 큰 도움을 줄 수 있기 때문이다.

두 가지 평균주가는 반드시 서로를 확인해주어야 한다─다우존스 산업 평균주가와 철도 평균주가의 흐름은 꼭 함께 살펴봐야 한다. 중요한 결론을 내리기에 앞서 반드시 두 가지 평균주가의 움직임이 서로를 확인해주는지 따져봐야 한다. 한 가지 평균주가의 움직임만 보고, 혹은 두 가지 평균주가가 서로를 확인해주지 않는데도 마음대로 결론을 내린다면 십중팔구는 틀릴 것이다.

추세를 판단하기–랠리가 계속되면서 이전에 기록했던 고점을 돌파하고, 곧 이어 나타나는 하락세가 이전에 기록했던 저점보다 높은 수준에서 멈춘다면 시장의 강세를 알려주는 것이다. 이와는 반대로 랠리에도 불구하고 직전 고점의 돌파에 실패하고, 이어서 나타나는 하락세가 직전 저점 밑으로 떨어진다면 시장의 약세를 알려주는 것이다. 이렇게 해서 도출된 추론은 현재의 시장 흐름이 2차적인 반동인지 여부를 판단하는 데 유용하고, 기본적인 주가 흐름이 다시 계속될 것인지, 아니면 변화될 것인지를 예측하는 데도 매우 중요하다. 여기서 말하는 랠리나 하락세는 평균주가가 지금까지의 주가 흐름과는 반대 방향으로 하루에 3%이상 떨어지는 날이 1일 이상 나타나는 것이다. 두 가지 평균주가가 같은 방향으로 움직이지 않는다면 이런 주가 움직임은 큰 의미가 없지만, 그렇다고 해서 두 가지 평균주가가 반드시 같은 날 동시에 서로를 확인해주어야 한다는 것은 아니다.

박스권–"박스권"이란 두 가지 평균주가가 2~3주간에 걸쳐 약 5% 범위 내에서 움직이는 주가 흐름을 말한다. 이 같은 주가 흐름은 현재 시장에서 대규모 매물이 출회되고 있거나, 혹은 대규모로 물량 확보가 이뤄지고 있다는 것을 의미한다. 주가가 마침내 박스권 상단의 저항선을 돌파해 상승한다면 그동안 물량 확보가 이뤄졌으며, 앞으로 주가가 더 오를 것이라고 예상할 수 있다; 반면 박스권 하단의 지지선을 깨고 하락한다면 그동안 물량 출회가 이뤄졌으며, 앞으로 주가가 더 떨어질 것이라고 예상할 수 있다. 그러나 두 가지 평균주가가 모두 이 같은 움직임을 확인해주지 않았는데, 섣불리 박스권을 이탈했다고 결론짓는

다면 틀릴 가능성이 높다.

***주가와 거래량의 관계*-**주식시장이 과매수 상태일 경우 상승할 때는 거래가 부진하다가 하락할 때는 거래가 활발히 이뤄진다; 이와는 반대로 시장이 과매도 상태일 경우 하락할 때는 거래가 부진하다가 반등할 때는 거래가 활발히 이뤄진다. 대세상승 흐름은 늘 폭발적일 정도의 과도한 거래량과 함께 막을 내리고, 비교적 아주 적은 거래량과 함께 시작된다.

***이중 천정과 이중 바닥*-**"이중 천정"과 "이중 바닥"은 사실 주가 흐름을 예측하는 데 큰 의미가 없으며, 지금까지의 사례를 보면 상당히 속기 쉬운 개념이다.

***개별 종목*-**거래가 활발히 이뤄지고, 또 주주들의 구성도 다양한 대형 우량주들 대부분은 평균주가와 같은 방향으로 움직인다. 그러나 일부 개별 종목 가운데는 평균주가와는 전혀 다른 요인들에 의해 주가가 결정되는 경우도 있다.

3

주가 조작에 대하여

매일매일 변동하는 평균주가는 주가 조작 세력에 의해 영향을 받을 수 있다. 2차적인 주가 흐름 역시 어느 정도 한계는 있지만 주가 조작 세력이 영향을 줄 수 있다. 그러나 기본적인 주가 흐름은 어떤 주가 조작 세력도 절대 움직일 수 없다.

해밀턴은 주식시장에서의 주가 조작 문제에 대해 자주 언급했다. 주가 조작이 기본적인 주가 흐름에 아무런 영향도 미치지 못한다는 그의 믿음에 동의하지 않는 사람들도 많이 있다. 하지만 그가 월 스트리트의 수많은 베테랑 투자자들과 막역하게 지냈고, 그 자신 평생을 금융시장과 관련된 사실들을 수집하는 데 보냈다는 점을 감안하면 그의 이 같은 믿음은 충분히 그럴만한 이유가 있을 것이다.

다음에 소개하는 그의 글은 그가 쓴 칼럼 가운데서 무작위로 뽑은 것인데, 주가 조작 문제에 대한 그의 시각이 일관된 것이었음을 여실히 보여준다:

"한번에 극히 제한적인 몇몇 종목들을 대상으로 주가를 조작할 수는 있을 것이다. 그렇게 해서 주식시장에 대한 잘못된 상황 인식을 유도할 수도 있을 것이다. 그러나 주식시장에 상장된 전체 종목을 대상으로 주가를 조작하는 것은 불가능하다. 따라서 그 중에서도 거래가 가장 활발하게 이뤄지는 20개 종목의 평균주가는 시장이 어디로 향하고 있는지 추론할 수 있는 중요한 변화를 보여주기에 충분하다."(1908년 11월 28일)

"주가 조작으로 하루하루의 시장 움직임을 변화시킬 수 있고, 또 단기적인 시장의 작은 흐름 역시 제한적인 범위 내에서 영향을 줄 수 있지만, 장기적인 시장의 큰 흐름은 전세계 금융시장의 모든 이해관계 집단이 전부 힘을 합쳐 주가 조작을 한다 해도 그것을 초월하는 존재라는 점을 누구나 인정할 것이다."(1909년 2월 26일)

"……시장 그 자체는 모든 '매수 연합 세력' 과 '내부 공모자' 들을 전부 합친 것보다 더 강력하다."(1922년 5월 8일)

"월 스트리트에 대해 갖고 있는 가장 큰 오해 가운데 하나이자 주식시장 바로미터가 유용하다는 주장을 공격할 때 가장 강력한 무기로 사용되는 믿음은 주가 조작 세력이 주식시장의 흐름을 왜곡시킬 수 있고, 따라서 주가 흐름은 신뢰성도 떨어지고 배울 점도 없다는 것이다. 필자는 이렇게 말하고 싶다. 지난 26년간 월 스트리트에서 그야말로 온갖 사건들을 다 지켜봤고, 그에 앞서서는 런던증권거래소와 파리증권거래소, 심지어 투기가 극에 달했던 1895년 당시 요하네스버그 주식시장의 금광 주식 거래 현장에서 쌓은 경험 만큼 신뢰할 수 있는 게 어디 있겠느냐고 말이다.

나는 주식시장에서 이렇게 오랜 세월 일하는 동안 시장의 가장 중요한 흐름이 주가 조작 세력에 의해 좌우되는 것을 단 한 차례도 보지 못했다. 기본적인 주가 흐름은 원래 처음 시작될 때부터 그 자체의 동력을 갖고 움직이기 때문이다. 물론 이 같은 설명은 모든 대세상승 흐름과 대세하락 흐름이 진행되는 동안 경제 전반에서 벌어지는 실제 사실들에 의해 정당한 것으로 판명되지 못한다면 설득력을 잃을 것이다. 그러나 늘 그렇듯 대세상승 흐름과 대세하락 흐름이 끝나기 직전의 마지막 단계에서는 과도한 투기적 매수와 과도한 투매가 시장을 압도하는 상황이 벌어진다."(《주식시장 바로미터》)

"……어떤 세력도, 심지어 미국 재무부와 연방준비제도이사회를 합친다 해도 다우존스 평균주가를 산정하는 40개 종목의 주가를 조작할 수는 없으며, 억지로 거래 기록에 영향을 미친다 해도 무시해도 좋을 미미한 수준일 것이다."(1923년 4월 27일)

대개의 아마추어 투자자들은 베일에 가린 어떤 "강력한 세력"이 주식시장의 추세를 이끌어간다고 생각한다. 이런 믿음이야말로 참을성의 부족과 함께 아마추어 투자자들이 손실을 보는 중요한 요인일 것이다. 이들은 시장 정보지를 열심히 읽는다; 또 자신들이 보기에 시장의 추세를 변화시킬 만한 새로운 뉴스가 없는지 신문을 뒤적거려보기도 한다. 정말로 중요한 뉴스는 그것이 신문에 인쇄됐을 시점에는 시장의 기본적인 추세에 미치는 영향력이 크게 떨어지고 만다는 사실을 이들은 알지 못하는 것 같다.

물론 밀이나 면화의 가격이 급등락했다는 소식이 그날그날의 주가 움직임에 영향을 미칠 수 있다. 또 때로는 주요 신문의 1면 머릿기사로 실린 뉴스가 시장 참여자들의 강세 분위기나 약세 분위기를 더욱 부추겨 매수 열기나 투매 심리를 자극할 수 있고, 이로 인해 단기적으로 시장을 "왜곡시키는" 데 일조할 수 있다. 그러나 프로 투자자의 모습을 보자. 이들은 늘 불안감에 사로잡힌 소액 투자자들이 얼마되지도 않는 적은 물량을 "털어낼" 때 시장의 흐름을 지켜보며 "자신의 포지션"을 유지한다; 그리고 소액 투자자들이 너도나도 주식을 사들일 때면 프로 투자자는 보유 물량을 내놓기 시작한다. 그렇게 해서 2차적인 반동이 끝나고 나면 비로소 기본적인 주가 흐름이 다시 시작되는 것이다. 주요 신문의 1면 머릿기사가 촉발하는 시장의 2차적인 반동, 즉 금융전문 기자들이 쓰기 좋아하는 용어인 "기술적 조정"은 시장이 이미 과매수 상태 혹은 과매도 상태에 빠져 있을 때 벌어진다는 주장도 있지만 확인할 수는 없다.

혹시 기본적인 추세가 주가 조작 세력에 의해 움직일 수 있다고 믿는다면 이 문제를 며칠간만 연구해보라. 그러면 절대 그런 일이 불가능하다는 사실을 확신하게 될 것이다. 예를 들어 1929년 9월 1일 현재 뉴욕증권거래소에 상장된 전체 상장 주식의 시가총액은 890억 달러가

넘었다. 이 같은 엄청난 규모의 시가총액을 단 10% 움직이기 위해서는 얼마나 많은 돈이 필요할지 한번 상상해보라!

4

평균주가는 모든 것을 전부 반영한다

매일같이 변동하는 다우존스 산업 평균주가와 철도 평균주가는 모든 희망과 실망, 그리고 경제와 관련된 어떤 사실이든 그것을 알고 있는 모든 사람의 지식을 전부 반영한 종합적인 지수다. 그런 점에서 평균주가의 흐름에는 다가올 모든 사건(신의 섭리만은 제외하고)의 영향이 적절하게 할인돼 반영돼 있다. 또한 대홍수나 지진과 같은 자연적 재난들도 순식간에 평균주가에 반영된다.

주식시장을 공부하는 일단의 사람들이 모이게 되면 늘 그 중에서 누군가는 주가란 과연 개별 투자자들이 미리 예측할 수 없는 모든 사건들까지 전부 반영하는 것인가에 대한 문제를 제기하고, 곧 이어 이에 대한 논쟁이 벌어진다. 다우 이론을 제대로 이해한 사람이라면 당연히 그렇다는 사실을 알고 있을 것이다; 이것은 다우 이론을 주식 투자에 성공적으로 적용하는 데 필요한 기본 원칙이기 때문이다. 따라서 여기에 동의하지 않는 사람이라면 다우 이론을 주식 투자에 활용하지 않는 게 현명할 것이다.

사실 필자의 입장에서는 이 문제에 관해 보충할 내용도 거의 없다. 다우와 해밀턴이 이미 30여 년 전부터 이 문제에 관한 수많은 글들을 써놓았기 때문이다. 여기서는 그 중 몇 가지를 소개하겠다.

"경제에 관해 모든 사람들이 알고 있는 전부를 주식시장이 완벽하게 반영한다는 사실은 두말할 필요도 없다. 농부들에게 농기구와 트럭, 비료를 파는 기업은 농업의 상황에 대해 농부가 아는 것보다 더 많은 것을 알고 있다. 뉴욕증권거래소에는 아주 엄격한 기업 공개 요건을 충족시킨 수많은 기업들이 상장돼 있다. 이들 기업은 국내외에서 생산하고 소비하는 모든 것들을 거래한다. 가령 철강업체들은 석탄과 코크스, 철광석, 철근, 강판, 심지어 시계 부품용 스프링에 이르기까지 모든 것들을 생산하고 판매하고 소비한다. 이들이 알고 있는 모든 정보와 지식이 그대로 주가에 반영되는 것이다. 은행들 역시 철강업체들이 거래하는 상품의 가격 동향과 이들의 자금 사정, 생산 및 마케팅 환경 등에 대해 잘 알고 있고, 이들이 알고 있는 사실 각각은 크건 작건 다 주가에 반영되는 것이다." (1921년 10월 4일)

"……평균주가는 거래가 활발하든 부진하든, 좋은 뉴스든 나쁜 뉴스든, 곡물 수확량이 많을 것이든 적을 것이든, 정치적으로 무슨 일이 발생할 것이든 전부 반영한다. 사실 이런 모든 요인들이 반영된 결과가 바로 평균주가다. 평균주가를 공부하는 것이 중요한 이유는 바로 이 때문이다. 또한 다른 방식으로는 알 수 없는 미래의 시장 흐름을 알 수 있게 해주는 것도 이런 이유 때문이다."(1912년 5월 2일)

"주식시장을 피상적으로 관찰하는 투자자들이라면 시장이 갑작스럽게 발생한 중요한 사건들에 별로 반응하지 않는다는 사실에 깜짝 놀란 경우가 자주 있었을 것이다; 주식시장이 외부 충격에 반응하는 과정은 너무나 미묘해서 따라잡을 수 없는 것처럼 보일 때도 있다. 주식시장의 흐름은 의식적이든 아니든 과거가 아니라 미래를 반영한다. 앞으로 일어날 사건들은 실제로 발생하기 이전에 그 그림자를 드리우게 되고, 그 그림자는 뉴욕증권거래소에도 미치게 되는 것이다."(1911년 3월 27일)

"주식시장 바로미터는 아무런 감정도 없고 이해관계도 없다. 왜냐하면 주식시장 바로미터를 만들어내는 모든 매도자와 매수자가 이해관계를 갖고 있기 때문이다. 시장이 내리는 평결은 주식을 사고 파는 사람들의 희망과 바람, 충동까지 전부 균형을 이룬 것이다. 한 나라의 경제 전반은 이런 모든 요인들을 정확히 반영한다. 그것도 무책임하게 떠들어대는 군중이 아니라 사려 깊은 배심원들의 마음이다. 이들 배심원은 전체적으로 변호사나 판사보다 더 많은 것을 알고 있고, '시장의 냉혹한 평결'이라고 불리는 결과를 이야기해줄 수 있다."(1926년 3월 29일)

"시장은 단순히 모든 사람들이 알고 있는 것에 따라 움직이지 않는다. 시장은 최고의 정보를 갖고 있는 사람이 예상할 수 있는 것에 따라 움직인다. 주식시장의 모든 움직임은 미래의 어느 시점에 설명이 가능하다. 그때가 되면 주가 조작 세력에 대한 온갖 억측들은 하찮은 요인이었음을 알게 될 것이다."(1913년 6월 20일)

그러면 다우가 1901년에 쓴 칼럼 가운데서 발췌한 내용을 인용한 뒤 다시 해밀턴의 글을 옮겨보겠다:

"주식시장은 바람에 따라 이리저리 날아다니는 풍선 같은 게 아니다. 전체적으로 볼 때 시장은 많은 정보와 지식은 물론 통찰력도 갖고 있는 사람들의 진지하면서도 사려 깊은 노력을 반영한다. 이들은 주가를 그 기업의 현재 가치 혹은 그리 멀지 않은 장래에 가질 것이라고 예상되는 가치에 근접하도록 조정해나간다. 시장에 결정적인 영향을 미치는 투자자들이 갖는 생각이란 주가가 오를 것인지의 여부가 아니다. 이들은 자신이 매수하려는 주식의 자산가치가 앞으로 6개월쯤 뒤 다른 투자자나 투기자들로 하여금 지금보다 10~20달러 더 높은 가격에도 매수하게 할 것인지 여부를 따져본다."(1901년 7월 20일)

"비록 그것이 금융시장과 밀접한 연관성이 없다 할지라도 모든 사람들이 그것에 대해 알고 있는 모든 사실들은 월 스트리트에 정보라는 형태로 모여든다; 주식시장은 등락의 과정 속에서 이 같은 정보와 지식들의 가치를 체로 쳐서 가려내듯 정밀하게 반영한다."(1929년 5월 29일)

"주식시장이란-2차적인 주가 흐름이 나타날 때 특히 그렇지만-때로는 전혀 예상하지 못했던 큰 폭의 반등이나 조정을 보여주기도 한다. 하지만 주식시장은 현재의 환경이 아니라 시장이 내다볼 수 있는 종합적인 지식이 미치는 범위 안에서 예상할 수 있는 상황에 따라 움직인다는 사실은 다시 언급할 필요도 없다."(1922년 9월 25일)

"……주식에 투자한다는 것은 기업 경기가 앞으로 어떻게 변화할 것인가를 예상하는 것이다."(《주식시장 바로미터》)

강세장이 이미 6년 가까이나 지속된 뒤인 1927년 봄 해밀턴은 이런 글을 남겼다:

"현재의 평균주가는 가장 신뢰할 수 있는 경제 관측 수단이 전망할 수 있는 앞으로 수 개월 동안의 기업 경기가 계속해서 현재와 같은 활황세를 유지할 것임을 알려주고 있다."(1927년 4월 23일)

그런가 하면 해밀턴은 1921년 주식시장이 연중 최저점을 기록한 뒤 바닥권에서 벗어나지 못하고 있을 무렵, 온갖 좋지 않은 뉴스에도 불구하고 평균주가가 왜 더 이상 떨어지지 않는지에 대해 이렇게 설명했다:

"주식시장이 충격에 휩싸이면 패닉이 나타난다. 역사를 뒤돌아보면 시장이 충격에 휩싸여 패닉에 빠져드는 경우는 극히 드물었다. 지금 주식시장에는 모든 악재들이 다 드러난 상태고, 누구나 그것의 심각성을 인정하고 있다. 그러나 주식시장은 현재 많은 사람들이 받아들이고 있는 사실에 따라 움직이지 않는다. 주식시장은 적어도 앞으로 수 개월 뒤를 내다볼 수 있는 전문적인 지식을 가진 사람들의 전망에 따라 움직인다."(1921년 10월 4일)

"……과거의 사례를 보면 주가가 하락했던 기간 이후에는 결국 경기 전반이 하강했음을 알 수 있다."(1926년 3월 8일)

"주식시장의 큰 흐름이 방향을 틀거나 2차적인 반동이 나타날 경우 늘 전혀 다른 설명이 나왔으며, 그것의 내용은 대중들의 환상에 영합하는 것이었다는 사실은 경험을 통해 잘 알 수 있다."(1927년 8월 15일)

"월 스트리트에서는 '뉴스가 나왔을 때'는 더 이상 주가가 움직이지 않는다는 말이 상식처럼 통한다. 현명한 투자자와 대규모 투자자들은 모두가 알고 있는 사실에 기초해 주식을 거래하는 것이 아니라 그들만 알고 있거나, 정확하게 예측한 사실에 따라 주식을 거래한다. 우리는 가끔 주식시장 전반의 엄청난 하락세를 경험한 뒤 6개월쯤 지나 기업 경기가 위축되는 것을 경험한다. 이와 마찬가지로 주식시장은 지금은 명확하지 않지만 6개월쯤 뒤 경기 상황이 호전될 것을 예상해 전반적인 상승세를 나타내기도 한다."(1906년 6월 29일)

"주식에 투자하는 행위 그 자체가 바로 전반적인 기업 경기의 확장이 더 빨라질 것이라는 확신을 만들어낸다. 이것이야말로 주식시장이 바로미터라는 점을 말해주는 또 하나의 예다. 이 바로미터는 오늘의 뉴스가 아니라 경제적으로 활동하고 있는 모든 전문가들이 기대할 수 있는 사실에 따라 움직인다."(1922년 5월 22일)

한번은 미국 최대의 금융자본가 가운데 한 명이 해밀턴에게 이렇게 말했다고 한다: "내가 주식시장의 흐름에 반영되는 모든 지식의 절반만 갖고 있다 해도, 나는 월 스트리트의 어느 누구보다도 더 뛰어난 실적을 올릴 수 있을 것이라고 확신합니다."

"물론 어떤 나무도 하늘 끝까지 무한정 자랄 수는 없다. 그렇지만 주식시장은 결코 예상할 수 없는 것을 제외한 모든 것들을 전부 반영한다. 주식시장이 샌프란시스코 대지진을 미리 예상할 수 있었는지는 굳이 이야기할 필요가 없다. 또 주식시장이 남북전쟁을 미리 예상했는지에 대한 의견은 엇갈린다. 남북전쟁이 발발하기에 앞서 시장은 오랫동안 약세장에 빠져있었고, 이는 남북전쟁을 어느 정도 미리 반영한 것일 수도 있다." (1927년 7월 15일)

"월 스트리트는 기업 경기와 관련된 모든 것들에 대해 알고 있는 모든 사람들의 정보와 지식이 전부 모여드는 거대한 저수지와 같은 곳이라고 할 수 있다. 이런 전제는 충분히 검증 가능하다. 또한 주식시장의 평균주가가 어느 개인이 알 수 있는 것보다 더 많은 것을 반영하고, 이 세상에서 현금 동원력이 가장 큰 주가 조작 세력보다 더 큰 존재인 것도 이런 이유 때문이다." (1927년 10월 4일)

다우 이론을 공부했다면 평균주가가 앞으로 일어날 일들을 예견하고, 또 이런 일들을 올바르게 평가해 반영하고 있다는 점을 확실히 믿고 있을 것이다. 다우 이론의 이 같은 전제를 확신하는 것은 투자자에게 마치 조류를 타고 헤엄쳐 가는 것처럼 매우 중요하다.

다우 이론의 이 같은 전제가 얼마나 유용한지를 여실히 보여주는 최근의 사례는 1931년의 극적이면서도 매우 오랫동안 지속된 주가 하락에서 찾아볼 수 있다. 당시 평균주가는 그 어느 해보다 더 큰 폭으로 떨어졌다. 그 기간동안 주식시장은 국내적으로는 물론 해외에서 벌어지고 있는 심각한 사건들까지 평가해 반영하고 있었다. 특히 영국의 금본위제 포기와 은행들의 도산 사태, 철도 회사들의 무더기 법정관리, 정부 예산 적자의 팽창에 따른 세금 인상의 불가피성 등이 결정적인 요인들이었다. 이 해 6월에는 전형적으로 나타나는 2차적인 반등에 의해 주가 하락이 잠시 멈췄다. 당시의 반등은 하락장에서 통상적으로 벌어지는 공매도의 청산과 무지한 투자자들의 매수 덕분이었는데, 실은 두 가지 요인 모두 후버 대통령의 채무상환 일시 중단 선언에 의해 촉발된 언론의 낙관론과 정치적인 선전공세에 대중들이 넘어가면서 증폭된 것이었다.

그 해 10월에는 또 한 차례 기본적인 하락 추세에서의 2차적인 반등이 나타났다. 이 때의 반등은 뉴욕증권거래소에서 규정을 바꿔 공매도에 특별한 제한을 가하기로 하면서 공매도 청산이 야기됐기 때문이라는 게 일반적인 시각이다. 또 같은 시기에 아주 잘 조직된 매수 세력이 밀 가격을 급반등시키는 데 성공했다. 그러자 언론에서는 순전히 투기적인 매수였음에도 불구하고 이를 오랫동안 기다려왔던 상품 가격 하락세의 전환점이라고 대서특필했다. 대개 그렇듯 미끼를 문 수많은 소액 투자자들이 몰려들었고, 2차적인 반등은 매번 그랬듯이 얼마 못가 막을 내렸다. 그리고는 다시 약세장이 이어져 저점을 더욱 낮춰갔다. 2차적인 주가 흐름은 이미 예정돼 있었고, 밀 가격이 급반등하지 않았더라도 일어났을 것이다. 상품시장의 호전 소식이 전해지지 않았다면 그에 상응하는 다른 이유로 2차적인 반등을 불러일으켰을 것이다. "평균주가는 아주 냉정하다. 주식시장의 상황에 대해 모두가 알고 있는 것, 또 모두가 예상하는 것을 전부 반영한다."

평균주가가 미래를 반영한다는 중요한 주제에 관해서는 다소 지루

할지도 모르겠지만 몇 가지 글을 더 인용하는 게 좋을 것 같다.

"평균주가가 모든 것, 즉 수출입 동향과 전반적인 기업 여건, 배당금, 금리, 정치상황 등을 전부 반영한다는 사실은 평균주가의 움직임을 주기적으로 살펴보면 언제든 확인할 수 있다. 평균주가는 문자 그대로 평균이기 때문이다. 평균주가는 시장에 영향을 미칠 수 있는 모든 요인들을 일체의 주관적 판단 없이 전부 합쳐놓은 것이다."(1912년 3월 7일)

"평균주가에는 모든 개별적인 사안들이 전부 포함돼 있다; 정치와 금리, 농사 작황 등 일부 끔찍한 사건들을 제외한 모든 것들이 들어가 있는 것이다."(1912년 4월 5일)

"대규모 제조업체를 경영하는 기업가가 앞으로 힘든 시기가 닥칠 것이라고 생각한다면 그는 재무적인 안정을 위해 갖고 있는 주식을 팔 것이다. 그는 이렇게 행동하는 기업가 가운데 한 명일 뿐이다. 따라서 그와 비슷한 다른 기업가들이 예상하는 어려운 시기가 실제로 도래하기 훨씬 이전에 주식시장은 먼저 하락하기 시작하는 것이다."(1924년 7월 15일)

"주식시장은 겹겹이 쌓여있는 사실들의 덩어리를 반영한다. 각각의 사실들은 단지 몇몇 사람들이 자기 자신의 사업에 대해 알고 있는 것이다."(1924년 7월 15일)

"주식시장 바로미터는 고리채의 금리가 얼마인지, 철근 제조업체의 영업이 어떤지, 올해 농작물 수확 전망은 괜찮은지, 또 곡물가격과 기업 부도율, 무역수지, 저축률, 임금, 교통비 등 수만 가지 사항들까지 모두 고려한다. 주식시장에서 결정되는 평균주가는 이 모든 것의 결과며, 시장은 이들 요인 전부를 공정하게 반영할 수 있을 만큼 매우 큰 존재다."(1924년 7월 15일)

"1914년 초에 나타난 바로미터의 움직임이 보여주었듯이 주식시장은 전쟁(제1차 세계대전)을 미리 예측했다."(1925년 3월 16일)

"기업 경기 및 해외 무역 추이, 농작물 수확량과 정치적인 전망 등 여러 가능성들이 매일매일의 주가 등락에 영향을 미치는 것은 사실이지만 다우 이론에서는 이런 요인들을 차라리 무시해버린다. 이런 요인이 매일매일의 주가 등락이 아니라 단기적인 주가 움직임에 영향을 미치는 경우는 가끔 있을 수도 있지만, 주식시장의 큰 흐름에 영향을 미칠 수는 절대로 없다. 지난 10여 년간 평균주가를 분석한 결과 평균주가는 이들 요인을 전부 미리 반영하고 있으며, 오히려 일시적으로 평균주가에 영향을 미치는 요인들을 배제할 경우 미래를 예측하는 데 더 신뢰성이 높다는 사실을 발견했다."(1911년 7월 14일)

5

다우 이론이 100% 완벽한 것은 아니다

다우 이론이라고 해서 완전무결한 시스템은 아니며, 늘 시장을 이길 수 있게 해주는 수단도 아니다. 다우 이론을 성공적인 주식 투자 전략으로 활용하기 위해서는 진지한 공부가 필요하고, 반드시 객관적인 시각으로 과거의 자료를 모으고 해석해야 한다. 이렇게 얻어진 결론보다 자신의 주관적인 바람이 앞서가서는 결코 안된다.

다우 이론이 실제로 어떤 역할을 하는가에 대한 일반적인 설명은 아직 상당부분 미진한 편이다; 그럼에도 불구하고 다우 이론의 정의는 다른 경험적인 과학 이론에 비해 훨씬 쉽게 이해될 수 있다. 과연 외과의사가 써놓은 몇 가지 수술 원칙만 보고 은행가가 고객의 배를 갈라 맹장을 잘라낼 수 있겠는가? 물론 불가능하다. 외과의학은 수천 년간의 수

술 사례–그 중에는 성공한 수술도 있었을 것이고, 실패한 수술도 있었을 것이다–를 토대로 연구 결과를 쌓아올린 경험과학이기 때문이다. 외과의학은 문자 그대로 "칼을 들이대서 수술하는" 방식이다. 비행기를 안전하게 착륙시키는 것 역시 경험과학이다. 노련한 파일럿은 다른 조종사들이 쉽게 이해할 수 있도록 항공기 이착륙에 관한 몇 가지 원칙들을 작성할 수 있을 것이다. 하지만 은행가가 이 원칙들을 읽고서 착륙을 시도한다면 틀림없이 앰뷸런스에 실려가는 신세가 될 것이다. 왜 그럴까? 아마도 파일럿이 쓴 원칙 가운데는 맞바람이 심하게 불 때는 어떻게 착륙해야 하는지에 관한 설명이 자세히 나와있지 않았을 것이기 때문이다. 하지만 채권 수익률이 어떻게 결정되는가에 관해 은행가가 간단한 원칙들을 적어놓았다고 하자. 이 글을 의사나 파일럿이 읽는다면 이들은 쉽게 이해하고 채권 투자에 응용할 수 있을 것이다. 왜냐하면 산술은 답이 하나밖에 없는 수리과학이기 때문이다. 수학에서 올바른 답은 하나뿐이다. 다우 이론은 경험적인 과학이다. 100% 완벽하지는 않지만 현명하게 잘 사용하면 매우 유용하다. 다우 이론을 현명하게 활용하기 위해서는 신중한 자세로 꾸준히 공부하기만 하면 된다.

해밀턴은 그의 저서 《주식시장 바로미터》에서 이렇게 썼다: "주식시장 바로미터는 완벽하지 않다. 좀 더 정확하게 이야기하자면 주식시장 바로미터를 해석하는 과학은 아직 성장하는 단계에 있고, 완전한 단계까지는 아직 멀었다."

다우 이론을 공부하는 투자자들 가운데는 생각이 너무 앞서가는 경우가 있다. 이들은 오름세가 한참 진행된 뒤 매수에 가담해 큰 폭의 조정이 이뤄지는 2차적인 주가 흐름 기간 중에 상승분을 다 날려버리게 되면 다우 이론을 비난한다. 이런 투자자들은 자신들이 평균주가-주로 산업 평균주가만 표시한-차트를 통해 평균주가의 궤적을 추적했고, 저항선과 지지선 같은 표시도 열심히 했다고 주장한다. 하지만 이들이 손실을 본 것은 다우 이론 때문이 아니다. 다우 이론에 의하면 강세장에서 매수하되 그 시점은 큰 폭의 조정이 있었거나, 하락 국면에서 시장의 거래량이 거의 말라버렸을 때, 또 랠리를 시작하면서 거래량이 크게 늘어날 때 등으로 국한하고 있다.

또 어떤 투자자들은 다우 이론을 데이 트레이딩에 활용해보려고 시도하기도 한다. 이들은 대개 투자 원금마저 날려버린다.

그런가 하면 다우 이론과 함께 금리나 교역량 같은 지표들을 혼합해야 한다고 주장하는 투자자들도 있다. 정부의 통계부처에서 내놓은 수치들을 이용해야 뭔가 좋은 아이디어를 얻을 수 있다고 생각하는 것이다. 이들은 직업적인 주가 예언자들과 마찬가지로 자신의 투자 성과를 운에 맡기는 셈이다. 그것도 대부분은 행운이 아니라 불운일 텐데도 말이다. 이들이 다우 이론을 제대로 이해하고 있다면 평균주가가 모든 통계적 지식을 평가해 반영하고 있다는 점을 기본적인 사실로 받아들일 것이다.

이런 질문도 많이 들었다. "다우 이론을 상당히 정확하게 해석해서 매수 타이밍을 잡았고, 이에 따라 주식 투자를 했을 경우 이익을 얻을 수 있는 확률은 어느 정도나 됩니까?" 필자의 생각을 말하겠다. 정상적인 시장 감각과 상당한 인내심을 갖고 있고, 평균주가를 활용해 강세장과 약세장의 순환을 분석할 줄 아는 투자자라면 열 번 가운데 적어도 일곱 번은 투자 수익을 올릴 수 있을 것이다. 더구나 이익을 거두었을 때 각각의 투자 수익은 타이밍이 어긋나 손절매했을 때의 손실보다 더 클 것이다. 투자 수익을 얻는 비율을 계속 높이는 투자자들도 많이 있다. 그러나 이들은 절대 한 해에 4~5차례 이상 거래하지 않는다. 이들은 하루종일 시세판을 바라보지도 않는다. 이들은 중요한 흐름이 있을 때 시장에 뛰어들고, 몇 달러 정도의 작은 손실에는 개의치 않는다.

주가 흐름에 대해 잘 이해하고 있다고 믿는 우리 같은 투자자들은 다우 이론이 비록 100% 완벽하지는 않다 하더라도 소위 "주식시장 최고수"가 내리는 판단보다 훨씬 신뢰할 만하다는 사실을 알고 있다. 또한 다우 이론에 따라 투자하는 사람들은 다우 이론을 너무 믿었을 때가 아니라 믿음이 부족했을 때 손실을 입는다는 사실도 알고 있다.

가령 평균주가의 흐름을 읽고 매수 타이밍을 잡았는데, 그만 큰 손실을 보기 시작했다고 생각해보자. 그렇다면 두 가지 중 하나다. 신호를 잘못 이해했거나, 다우 이론이 틀리기도 하는 몇 안되는 경우였을 것이다. 이런 경우 손실을 감수하고 시장을 빠져 나온 뒤 다우 이론이 알려주는 매수 신호를 쉽게 읽을 수 있을 때 다시 시도해봐야 한다.

일부 주식 투기자들, 특히 도박을 하듯 주식시장에 접근하는 사람들은 평균주가의 흐름을 분 초 단위까지 아주 세세하게 읽을 수 있을 수 있어야 한다고 주장한다. 그러나 그런 흐름은 존재하지도 않고, 존재할 수도 없다.

사려 깊은 사람이라면 이 점을 충분히 이해할 것이다. 만약 다우 이론이 실패 확률 0%의 완벽한 이론이라면, 혹은 다우 이론의 의미를 언제든 정확하게 해석하는 사람이 한두 명이라도 있다면 주식 투자라는 것 자제가 사라질 것이다.

해밀턴 역시 1926년에 평균주가의 의미를 읽어내는 과정에서 치명적인 오류를 범했다. 대세상승 흐름에서 2차적인 하락이 나타난 것인데, 이를 대세하락 흐름이 시작된 것으로 판단한 것이었다. 다우 이론을 공부한 투자자가 1925년 가을 이후 평균주가를 기록한 차트를 살펴본다면 해밀턴이 잘못된 결론을 내릴 수도 있었겠다는 생각이 들 것이다. 필자의 입장에서 보자면 당시 해밀턴은 마음속으로 약세장이 임박했다고 미리 단정짓고 있었고, 이 같은 생각이 차트를 읽어내는 데까지 영향을 미쳤다. 한마디로 자신의 판단을 너무 과신하는 바람에 다우 이론을 무시한 대표적인 경우라고 할 수 있다.

대세상승 흐름은 1923년 늦여름부터 시작돼 1924년 내내 전형적인 강세장을 연출했다. 이어 1925년 3월 말부터 1926년 2월 26일까지는 별다른 조정도 없이 아주 강력한 상승세가 분출됐다. 상승장이 이렇게 길고 강력했다는 사실은 그만큼 2차적인 조정이 출현할 여지가 없었다는 점을 시사하는 것이다. 또 1897년부터 1926년까지의 평균주가 차트를 훑어보면 각각의 강세장에서 평균주가가 상승세를 지속한 기간은 크게 다르지 않았다; 더구나 당시 산업 평균주가는 연일 신고가를 기록하고 있었던 반면 자금시장은 타이트하게 돌아가고 있었다. 제

아무리 다우 이론의 신봉자였다 할지라도 자신의 마음속 생각, 즉 강세장이 곧 끝날 수밖에 없다는 믿음을 뒷받침하는 방향으로 평균주가를 읽었으리라는 점은 충분히 이해할 수 있다.

그렇다면 어떻게 해서 해밀턴이 2차적인 조정 국면을 대세하락 흐름의 시작이라고 잘못 판단하게 됐는지 따라가보는 것도 다우 이론을 이해하는 데 도움이 될 것 같다. 그는 1925년 10월 5일 현재 다우존스 산업 평균주가를 산정하는 20개 종목(다우존스 산업 평균주가 산정 종목의 수가 현재와 같이 30개로 늘어난 것은 1928년 10월이다)의 배당 수익률은 4%를 밑돌고 있다며, "사람들은 지금 기업의 가치보다는 희망과 잠재력을 바라보고 주식을 사고 있다"고 지적했다. 그는 또 이렇게 덧붙였다: "건전한 원칙에 입각해 평균주가를 해석할 때 시장은 여전히 대세상승 흐름에 있지만 곧 약세장이 나타날 게 분명하다." 그가 이날 쓴 칼럼을 끝까지 다 읽어본 독자라면 해밀턴이 시장에 대해 약세론자의 시각을 갖고 있지만 평균주가의 흐름에서는 아직 자신의 믿음을 뒷받침해줄 만한 단서를 포착하지 못했다는 느낌을 받았을 것이다. 그는 자신의 칼럼을 이렇게 마무리지었다: "지금은 이중 천정이라는 오래된 이론을 활용해야 할 시점이다. 즉, 다우존스 산업 평균주가와 철도 평균주가는 9월 19일 내지는 9월 23일에 기록했던 신고가에 근접한 뒤에 조정을 받았다." 앞서 해밀턴이 "이중 천정"이나 "이중 바닥" 같은 이론은 유용하지 않다고 말했던 것을 떠올리면 이 같은 결론은 의아할 정도다.

해밀턴은 또 1925년 11월 9일자 칼럼에서 이렇게 결론지었다: "다우존스 평균주가의 흐름을 읽어볼 때 시장은 아직도 대세상승 흐름에 있고, 2차적인 조정이 나타날 수는 있지만 대세하락 흐름으로 반전될 조짐은 보이지 않는다." 그러나 이 칼럼에서는 이런 내용도 읽을 수 있다: "언젠가는, 어쩌면 당장 내년에 우리는 투자 자본 및 투기 자본의 급격한 위축을 목격할지 모르고, 주식시장이 이런 상황을 가장 먼저 알게 될 것이다. 그러면 경제 전반은 그동안의 경기 호황과 장밋빛 희망으로 잔뜩 거품에 휩싸여 있겠지만 주식시장은 대세하락 흐름으로 접어들게 될 것이다." 그는 이미 개인적으로 약세장이 도래할 것이라는 신념을 굳혔으며, 평균주가의 흐름에서 자신의 예측을 확인해줄 수 있는 단서를 찾으려 했다는 추론이 가능하다.

해밀턴은 급격한 조정이 발생한 직후인 1925년 11월 19일에 또다시 독자들에게 이중 천정과 함께 대세상승 흐름이 막을 내릴 것이니 주의하라고 경고했다. 그러나 1925년 12월 17일에는 전적으로 다우 이론에 따라 해석한 주가 흐름을 이렇게 요약했다: "1923년 10월부터 시작된 대세상승 흐름은 전형적으로 나타나는 2차적인 조정을 수반하고 있지만 아직 끝나지 않았다." 그는 그러면서도 시장의 약세가 임박했다고 경고했다. 그는 다우 이론과는 관계없이 주가가 너무 높다고 생각했고, 그래서 이런 경고를 한 것이다.

다음 해 1월 26일 해밀턴이 경고했던 "이중 천정"이 다우존스 산업 평균주가에서 나타났으나 철도 평균주가에서는 확인되지 않았다. 두 가지 평균주가가 서로 확인해주지 않는 상황에서 한 가지 평균주가만 보고 내린 결론은 십중팔구 틀릴 것이라고 해밀턴 자신이 독자들에게 수십 차례나 경고하지 않았던가?

1926년 2월 15일자 칼럼에서 그는 다시 한번 "이중 천정"을 언급했다. 평균주가가 전고점을 돌파하는 데 실패한데다 추가적인 급락까지 나타났으니 대세하락 흐름이 시작됐을 것이라는 내용이었다. 3월 5일까지 산업 평균주가는 전고점에 비해 불과 12포인트, 철도 평균주가는 7포인트 하락한 상태였지만 그는 이렇게 단언했다. "……지난 25년간의 연구 결과에서 알 수 있듯이 2월 15일에 이미 대세상승 흐름은 막을 내린 것으로 보인다."

3월 8일에는 "중요한 이중 천정"에 근거해 시장의 전환이 임박했음을 경고했다는 사실을 다시 언급하며 이렇게 썼다. "분명한 사실은 시장의 기본적인 추세가 멀지않은 시점에 하락세로 돌아설 것이라는 점이다."

2차적인 조정 국면이 저점을 찍은 뒤 2주가 지난 4월 12일에도 해밀턴은 그릇된 약세론자의 시각에서 벗어나지 못하고 있었다. 그는 계속해서 앞서 자신이 내놓은 예측을 지적하면서 칼럼의 말미에 이렇게 적었다. "평균주가는 7주 전 이 칼럼에서 언급한 주가 흐름의 범주를 벗어날 수 없을 것이다."

이것은 해밀턴이 약세론자의 시각을 고집하면서 쓴 마지막 칼럼이었다. 당시의 주가 차트를 보면 그 무렵은 1929년 대단원의 막을 내린 역사적인 강세장을 준비하는 시점이었다. 이런 실수는 주식 투자자들에게 치명적일 수 있다. 해밀턴의 예측을 따랐던 많은 사람들은 당연히 큰 손실을 입었을 것이다. 해밀턴이 왜 이 같은 잘못을 저지르게 됐는가를 한마디로 요약하자면, 평균주가를 너무 무시했고 자신의 판단을 너무 과신했기 때문이다. "이중 천정"을 근거로 해서 평균주가를 자신의 결론에 맞춰버렸다. 그가 "이중 천정" 같은 개념을 사용한 것은 이것이 유일한데, 결국 헛발을 짚은 셈이었다. 더구나 그가 일부러 무시한 채 주목하지 않았던 것은 당시 다우존스 산업 평균주가와 철도 평균주가가 각각 47.08포인트와 20.14포인트 상승하는 동안 눈에 띄는 2차적인 하락이 나타나지 않았다는 점이다. 해밀턴 자신이 해석한 다우 이론에 따르더라도 대세상승 흐름에서 상승폭의 40~60%정도 하락하는 조정 과정은 일반적으로 거치게 마련이다. 그러나 당시의 강세장에서도 산업 평균주가는 26.88포인트, 철도 평균주가는 10.71포인트 하락했는데, 이것은 각각 상승폭의 55%와 53%에 해당하는 것이었다. 그 무렵 해밀턴이 말했던 "대세하락 흐름"은 사실 일반적으로 나타나는 2차적인 조정, 그 이상도 그 이하도 아니었다. 정말로 진지하게 다우 이론을 적용해 평균주가의 흐름을 분석했더라면 결코 그런 결론을 이끌어낼 시장 움직임이 아니었다.

6

다우의 세 가지 시장 흐름

평균주가에는 세 가지 흐름이 있다. 이들 세 가지 주가 움직임은 동시에 이뤄진다. 가장 중요한 첫 번째 주가 흐름은 기본적인 주가 흐름이다: 몇 년간 이어질지도 모를 대세상승이나 대세하락과 같은 시장의 긴 강세 흐름 혹은 약세 흐름이다. 두 번째 주가 흐름은 매우 속기 쉬운 움직임으로, 시장의 2차적인 반동이다; 기본적인 주가 흐름은 강세장인데 급락한다거나 기본적인 주가 흐름은 약세장인데 갑작스럽게 랠리가 나타나는 것이다. 이런 2차적인 반동은 대개 3주에서 길어야 몇 달 정도 이어진다. 그리 중요하지 않은 세 번째 주가 흐름은 매일매일의 등락이다.

자동차를 운전하는 사람이라면 누구나 처음 운전을 배울 때 마음은 마음대로, 손과 발은 손과 발대로 따로 움직여 무척이나 당혹스러워 했던 기억을 갖고 있을 것이다. 옆자리에 앉은 사람은 도로를 똑바로 쳐다보면서 액셀러레이터에서 발을 떼고 브레이크를 밟으라고 소리쳤을 것이다. 그것도 세 가지 동작을 동시에 하라고 말이다. 그러나 운전 경험이 쌓이게 되면 액셀러레이터와 브레이크의 조작은 자동적으로 할 수 있고, 도로를 똑바로 바라보는 것은 습관처럼 몸에 밴다. 다우의 세 가지 주가 흐름을 처음 공부하는 투자자들도 이와 비슷한 혼란을 겪을지 모르겠다. 하지만 익숙해지면 어느새 세 가지 주가 흐름이 자동적으로 눈에 들어오게 될 것이다. 시장 추세의 일시적인 반전, 즉 2차적인 반동은 자동차를 운전할 때 브레이크를 밟는 것과 비슷하다고 생각할 수 있다: 무리한 과속을 방지해주는 것이기 때문이다. 자동차의 속도를 내주기도 하고, 또 늦춰주기도 하는 액셀러레이터는 매일매일의 주가 등락과 유사하다. 어떤 날은 기본적인 주가 흐름이나 2차적인 반동과 같은 방향으로 움직이다가, 또 어떤 날은 그 반대 방향으로 움직이기 때문이다.

세 가지 주가 흐름 각각에 대해서는 다음 장부터 자세히 살펴볼 것이다. 하지만 세 가지 주가 흐름을 제대로 이해하는 것은 매우 중요하므로 해밀턴이 여러 해에 걸쳐 남겨놓은 글들을 인용하는 게 필요할 것 같다:

"다우 이론은 머리가 아니라 마음과 가슴으로 이해해야 한다. 주식시장에는 세 가지 흐름이 있다. 가장 큰 흐름은 그것이 강세장이든 약세장이든 1년에서 3년 정도 이어진다; 2차적인 조정 또는 반등은 경우에 따라 다르겠지만 단 며칠에서 길면 몇 주 이상 지속될 수 있다; 그리고 매일매일의 주가 등락이 있다. 이들 흐름은 동시에 나타난다. 마치 조류가 밀려올 때면 바닷물이 해안선 안쪽으로 더욱 깊숙이 들어오지만 그래도 끊임없이 파도는 들어왔다가 밀려나가는 이치와 같다. 2차적인 반동이 시장의 가장 큰 출렁임이라고 할 수 있는 기본적인 주가 흐름을 일시적으로 후퇴시킬 수도 있다. 그러나 자연의 법칙은 우리가 그것에 맞설 때조차도 여전히 강력하게 작용한다."(《주식시장 바로미터》)

해밀턴은 또 세 가지 주가 흐름에 대해 이렇게 설명한 적도 있다:

"시장에는 큰 흐름이란 게 있다; 대세상승 혹은 대세하락을 이어가는 이 흐름은 몇 년간 지속되며 1년도 채 안돼 끝나는 경우는 극히 드물다; 그리고 이보다 짧은 단기적인 출렁임이 있는데, 통상 한 달에서 세 달 정도 이어진다. 이들 두 가지 주가 흐름은 시장에 동시에 영향을 미치지만 서로 지향하는 방향은 반대쪽이다. 이들 주가 흐름은 매일매일의 주가 등락으로 인해 더 복잡해질 수 있다. 우리가 헤쳐나가야 할 물줄기의 세 번째 흐름이 바로 매일매일의 주가 등락이다."(1929년 2월 26일)

해밀턴이 이 글을 쓰기 25년 전에 남긴 글을 읽어보자:

"주식시장에는 세 가지 흐름이 있는데, 이들은 동시에 한꺼번에 움직인다. 첫 번째는 주로 주식 트레이더들의 매매 행태에 따라 비롯되는 매일매일의 주가 등락인데, 중요성이 떨어지므로 제 3의 주가 움직임이라고 부를 수 있을 것이다; 두 번째는 통상 20일에서 60일 정도 지속되는 주가 움직임인데, 시장의 투기적인 분위기가 강해졌다 약해졌다 하는 것을 반영하며 2차적인 반동이라고 부른다; 세 번째는 가장 큰 주가 움직임으로 대개 1년 이상 지속되는데, 주가가 기업의 내재가치에 맞춰 재평가되는 과정에서 이런 움직임이 발생하며 기본적인 주가 흐름이라고 부른다." (1904년 9월 17일)

그런가 하면 1914년에는 좀 더 짤막하게 설명했다:

"수십 년간에 걸친 관찰을 통해 이미 확인된 찰스 H. 다우의 '이론'에 의하면 주식시장에서는 세 가지 움직임이 동시에 나타난다. 첫 번째는 1년 이상 지속되는, 가장 중요한 기본적인 주가 흐름이다. 두 번째는 약세장에서 간헐적으로 나타나는 랠리나 강세장에서 벌어지는 급격한 조정이다. 세 번째는 매일매일의 주가 등락이다." (1914년 4월 16일)

7

기본적인 주가 흐름

기본적인 주가 흐름은 통상 대세상승이나 대세하락으로 불리는, 주식시장의 기저에 흐르는 추세로 1년이 채 안되는 기간동안 지속될 수도 있고, 수 년간 이어질 수도 있다. 기본적인 주가 흐름의 방향을 정확히 판단하는 것이야말로 투자 성공의 가장 핵심적인 요소다. 기본적인 주가 흐름이 어느 정도까지 이어질지, 혹은 지속 기간이 얼마나 될지를 예측할 수 있는 방법은 없다.

기본적인 주가 흐름의 기속 기간이 얼마나 될지 가늠할 수 있는 방법은 없지만 윌리엄 피터 해밀턴이 이와 관련해 언급한 내용은 주목할 만하다. "주식시장의 가장 큰 출렁임이라고 할 수 있는 기본적인 주가 흐름의 지속 기간과 그 정도는 주식시장 바로미터가 지니고 있는 예측 능력을 더욱 높여준다. 기본적인 주가 흐름의 진폭이 얼마나 될 것인지 정확히 알려주는 수단은 없지만 앞으로 닥칠 경기 호황과 경기 침체의 강도가 어느 정도일 것인지는 주가 흐름을 통해 미리 예측할 수 있다."(1924년 3월 10일) 다우 이론 비판자들은 이 점에 대해 불만을 갖는다. 즉, 다우 이론이 유용하려면 주식시장이 어디까지 상승할 것인지 예측할 수 있어야 하며, 또 그 시점까지도 알려주어야 한다고 주장한다. 여기에서는 이렇게 대답하는 게 적당할 것 같다. 우리는 기상청에서 일기예보를 하면서 눈보라가 정확히 몇 월 몇 일 몇 시부터 몰아칠 것이며, 눈보라는 몇 시간 동안 지속되고, 적설량은 정확히 몇 센티미터가 될 것인지 말해주기를 바란다. 그러나 기상청의 일기예보는 다우 이론과 마찬가지로 경험적인 자료에 기초하고 있기는 하지만 아직 이 정도로 정확하지는 않다. 앞으로도 그렇게 정확한 일기예보는 나오지 못할 것이다. 하지만 우리는 그렇게 정확하지 않은 일기예보를 받아들이고, 일기예보의 한계를 인정한다. 또 눈보라가 닥칠 것이라거나 날씨가 급변할 것이라는 기상 경보를 들으면 일기 예측의 과학성에 고마움을 느낀다. 다우 이론에 대해서도 이와 같은 자세가 필요하다.

이제 막 평균주가가 함축하고 있는 의미를 공부하기 시작한 초보자들이 자주 저지르는 실수는 기본적인 주가 흐름이 이어지는 과정에서 2차적인 반응이 좀 심하게 나타나면 이를 기본적인 추세의 변화로 해석하는 것이다. 사실 이런 경우는 전문가라 할지라도 올바르게 해석하기가 어려울 때가 많다. 그러나 시장의 흐름을 주의 깊게 연구해보면 기본적인 추세의 변화를 판단할 수 있다. 그래도 의심이 든다면 일단 평균주가의 일간 차트가 어떤 추세를 형성하고 있는 게 확실해질 때까지 잠시 뒤로 물러서 있어야 한다. 해밀턴 역시 종종 헷갈렸다. 해밀턴이 남긴 다음 글은 주식 투자를 하는 사람들 모두가 부딪치는 이런 혼란스러움을 너무나도 잘 설명해주고 있다.

"그러나 이 점을 항상 명심해야 한다. 주식시장이라는 큰 물줄기가 흘러가다 보면 역류하기도 하고, 소용돌이를 일으키기도 하며, 다른 숱한 물줄기와 합류하기도 한다. 이런 경우를 만나게 되면 하루나 한 주, 혹은 상당히 긴 시간동안 주식시장의 큰 흐름을 잘못 판단할 수 있는 것이다. 주식시장은 바로미터다. 주식시장이 의미 없이 움직이는 경우는 없다. 때로는 움직이고 난 뒤 한참이 지나서야 비로소 그 의미가 밝혀지기도 하고, 심지어 영원히 알려지지 않을 때도 있다; 그러나 시장의 모든 움직임은 그렇게 된 원인에 대해 완벽한 지식을 갖고 있을 때에만 합리적으로 설명할 수 있다." (1906년 6월 29일)

8

대세하락 흐름

대세하락은 주식시장의 긴 하락 흐름으로, 중간중간에 결정적인 랠리가 나타난다. 대세하락은 다양한 경제적 문제들로 인해 야기되며, 앞으로 일어날 것으로 예상되는 최악의 상황까지 전부 시장에 반영돼 주가를 끌어내리는 요인으로 작용할 때까지 계속된다. 대세하락 흐름에는 세 가지 국면이 있다: 첫 번째 국면은 주가가 더 높은 가격으로 올라갈 수 있을 것이라는 희망을 포기하는 단계다; 두 번째 국면은 경기 부진과 기업 이익의 감소에 따라 주식을 매도하는 단계다; 세 번째 국면은 보유 자산의 일부라도 현금화하려는 투자자들이 우량주라도 주가에 관계없이 쫓기듯이 내다파는 단계다.

해밀턴은 1921년에 이런 글을 썼다. 지난 25년간 대세상승 흐름의 지속 기간은 평균 25개월이었던 반면 대세하락 흐름은 평균 17개월이었다고 말이다. 다시 말하자면 대세하락 흐름의 평균 지속 기간은 대세 상승 흐름의 약 70%에 불과하다는 것이다.

대세하락 흐름은 세 단계의 국면으로 나눌 수 있다: 첫 번째 국면은 앞선 강세장에서 최후로 분출되리라고 기대했던 상승 기대감을 포기하는 단계다; 두 번째 국면은 기업의 순이익 감소와 배당금 축소가 주가에 반영되는 단계다; 세 번째 국면은 생활비를 충당할 현금을 확보하기 위해 할 수 없이 너도나도 주식을 내다파는 단계다. 이들 각각의 국면 사이사이에는 대개 2차적인 반등이 나타나는데, 이 같은 반등은 종종 대세상승 흐름의 시작으로 잘못 해석되기도 한다. 하지만 다우 이론을 제대로 이해하고 있는 투자자라면 결코 이런 2차적인 주가 흐름에 당황하지 않을 것이다.

시장이 약세장으로 빠져들면 뉴욕증권거래소의 하루 주식 거래량도 강세장 때에 비해 크게 줄어든다. 일간 거래량을 나타낸 곡선이 바닥권에서 횡보하게 되면 약세장이 거의 끝나가는 신호로 해석할 수 있다.

해밀턴은 월 스트리트의 오랜 격언을 자주 인용했다. "거래가 활발하지 않을 때는 절대 팔지 말라"는 격언이 대세하락 흐름에서는 오히려 해가 될 수 있다고 그는 지적했다. 약세장에서 팔아야 할 타이밍은 급반등에도 불구하고 거래량이 말라붙을 정도로 줄어드는 시점이고, 반등세에서의 이 같은 거래량 위축은 약세장이 계속될 것이라는 점을 알려주는 것이라고 그는 말했다. 그는 자신의 이 같은 생각을 이렇게 표현하기도 했다: "월 스트리트에서 가장 입에 자주 오르내리는 상투

대세하락 흐름 67

적인 경구 가운데 이런 말이 있다. 거래가 활발하지 않을 때는 절대로 공매도를 하지 말아야 한다는 것이다. 물론 이 말이 틀리는 경우보다 맞는 경우가 더 많을지 모르겠다. 하지만 시장의 긴 흐름이 약세 국면으로 접어들었을 때는 결코 맞는 말이 아니다. 주가가 장기적으로 약세를 보이는 시장 흐름에서는 주가가 일시적으로 랠리를 보일 때 거래는 위축되고, 주가가 하락할 때 거래는 활기를 띤다." (1909년 5월 21일)

해밀턴이 1921년에 쓴 다음 칼럼에는 기억해둘 만한 여러 가지 내용들이 담겨있다:

"다우의 이론에 따르면 대세하락 흐름에서 나타나는 2차적인 반등은 갑작스럽고 급격하다는 특징이 있다. 특히 이런 특징은 시장이 패닉에 빠져 급락한 뒤에 오는 주가 회복 단계에서 두드러진다. 투자자에게 정말로 중요한 시점은 시장이 바닥권에 있을 때가 아니다. 오히려 시장이 한차례 랠리를 경험한 뒤 과매도 상태에 빠져들었을 때가 결정적인 순간이다. 바닥권에서는 늘 과도할 정도의 약세 분위기가 시장을 지배한다. 진정한 프로페셔널 투자자들은 엘리베이터 보이가 '공매도했다' 고 자랑하는 소리를 들으면 과감히 시장의 분위기에 맞서기 시작한다.

과거 수십 년간의 평균주가를 보면 기가 막힐 정도로 일정하게 나타나는 현상이 하나 있다. 대세하락 흐름에서 2차적인 랠리가 나타난 뒤에는 항상 박스권을 형성한다는 것이다. 여기서 박스권은 일반 투자자들의 매수 여력이 남아있는지 끝까지 시험해보는 구간이다. 주가가 큰 폭으로 떨어지게 되면 늘 대규모 매수가 출현해 지지선을 형성한다. 보유 물량이 너무 많아 쉽게 빠져나갈 수 없는 계좌의 방어 수단이다. 이런 계좌가 반등의 단초를 제공한다. 또한 앞서 공매도했던 물량이 청산되고, 저가에 매수하려는 투자자들이 들어와 반등의 계기를 만들어준다. 그러나 결국 일반 투자자들의 매수 여력이 한계를 드러내면 시장은 다시 한번 천천히 추가로 하락해 대개의 경우 새로운 저점을 만들어낸다."(1921년 6월 23일)

"평균주가의 흐름을 통해 검증할 수 있는 오랜 경험에 의하면 적어도 1년 이상 지속되는 시장의 긴 강세장에서 나타나는 상승세는 비교적 완만하다. 반면 대세하락 흐름에서 나타나는 2차적인 반등은 이보다 훨씬 급격하다. 대세하락 흐름에서는 급한 반등이 오히려 정상적이다."(1910년 3월 19일)

그러면 여기서 시장이 약세에 있거나 강세에 있을 때 적용할 수 있는 기초적인 투자 원칙을 짚고 넘어가는 것이 필요할 것 같다.

약세장에서는 우량주도 이류, 삼류 주식과 마찬가지로 고전한다. 일단 약세장으로 빠져들면 대부분의 투자자들은 나중에 자신이 보유하고 있는 주식을 아주 낮은 가격에도 팔지 못할 것에 대비해 확실한 시장이 있을 때 얼마라도 받고 팔려고 하기 때문이다. 특히 낙폭이 깊어지면 제대로 주식 투자를 해보지 못한 사람들의 경우 주위 분위기에 휩쓸려 그동안 잘 묻어두었던 우량 기업의 주식을 꺼내 주가에 관계없이 팔아버린다. 손실이 얼마가 되든 일단 현금을 손에 쥘 수 있고, 그 돈으로 생활비를 댈 수 있기 때문이다. 이들 가운데는 "비상금 용도"

로 주식에 투자했을 수도 있고, 마침내 "비상금을 쓸 때"가 온 것일 수 있다. 또 이들이 집이나 다른 자산을 팔고 싶어할 수도 있지만, 그런 자산을 사줄 사람을 찾지 못해 어쩔 수 없이 주식을 파는 것인지도 모른다. 어쩌면 이들의 은행 잔고가 다 떨어져 거래은행에서 현금 확보를 위해 담보로 잡아놓은 주식을 팔아버릴 수도 있다. 어쨌든 긴 약세장에서는 이런 악순환이 벌어지고, 주식시장에 매수자도 별로 없는데 우량 기업의 주식이 쏟아져 나오는 것이다. 다시 말하자면 수요와 공급의 원칙이 여기서도 작용해, 공급이 수요보다 많으면 우량주의 주가도 떨어질 수밖에 없는 것이다. 투자자문회사에서 발행하는 종목 추천지를 읽어본 독자라면 수요와 공급의 원칙을 잘 알고 있는 경제학자들이 왜 기본적인 약세장에서 벌어지는 이 같은 상황을 아예 무시하거나 혹은 이해하지 못하는지 의아한 생각이 들 것이다.

그렇다면 주가의 장기적인 하락세를 멈추게 하는 것은 무엇인가? 해밀턴은 그의 저서 《주식시장 바로미터》에서 대세상승 흐름과 대세하락 흐름의 출현 및 순환에 대해 아주 뛰어난 설명을 남겨놓았다:

"현재 우리나라의 국민소득은 지출보다 더 많고, 금리는 무척 낮으며, 위험을 무릅쓰려는 기업가 정신이 널리 퍼져 있다. 활기를 찾을 수 없었던 기업 경기는 눈에 띄게 살아나고 있다. 이제 점차 광범위한 투기가 벌어질 것이다. 금리는 높아질 것이고, 임금은 상승할 것이며, 다른 유사한 증상들도 나타날 것이다. 몇 년에 걸친 호시절이 이어진 다음에는 순환고리의 가장 약한 부분이 한계를 드러낸다. 이제 붕괴하기 시작하는 것이다. 먼저 주식시장에 침체의 먹구름이 드리우고, 상품시장이 가라앉고, 다음에는 실업률이 치솟는다. 또 은행 예금은 늘어나는데도 불구하고 모험 사업에 투자되는 자금은 완전히 말라버리고 만다."

해밀턴은 대세하락 흐름에서 어느날이 최저점인지를 판단하는 데 다우 이론을 사용해서는 안된다고 말한다: "주식시장 바로미터에 대해 아무리 많은 지식을 갖고 있다 해도 약세장에서 강세장으로 전환하는 정확한 타이밍을 포착할 수는 없을 것이다."

대세하락 흐름에서 두 가지 평균주가가 최저점으로부터 5포인트도 채 오르지 못했던 1921년 9월 18일 해밀턴은 〈배런스〉에 이런 내용의 칼럼을 실었다:

"현재의 주식시장 움직임은 아주 적절한 사례이자 시험대가 될 것이다. 나는 그동안 주식시장 바로미터의 예측 능력을 입증해보라는 요구를 수없이 들어왔다. 지금 유럽 금융시장에서 벌어지고 있는 혼란스러운 상황, 최악의 면화 수확량, 디플레이션으로 인해 야기된 불확실성, 정치인들과 재무 당국의 무원칙한 기회주의, 전쟁(제 1차 세계대전)의 후유증이라고 할 수 있는 인플레이션, 실업 문제와 일부 광산 및 철도 산업의 말도 안되는 임금수준 등 이 모든 것들이 작금의 국가 경제를 무겁게 짓누르고 있지만 주식시장은 마치 더 나은 미래가 바로 우리 눈앞에 다가온 것처럼 움직이고 있다. 그런 점에서 1919년 10월 말과 11월 초에 시작된 대세하락 흐름은 1921년 6월 20일에 다우존스 산업 평균주가와 철도 평균주가가 각각 64.90과 65.52를 기록하면서 저점을 통과했다고 볼 수 있다."

이로부터 며칠 뒤 그는 〈월스트리트저널〉에 다시 비슷한 내용의 글을 썼다:

"여러 명의 독자들이 나에게 편지를 보내왔는데 그 내용은 이렇다. 우선 현재 주식시장이 처해있는 암울한 상황을 주목하라는 것이다. 또 내가 주가 흐름을 연구한 결과 주식시장이 곧 장기적인 상승 국면으로 전환할 것이라고 밝혔는데, 그 이유가 무엇이냐는 것이다. 비관주의자들이 바라보는 모든 부정적인 요인들은 전부 나왔다. 독일 시중은행들의 부도 사태, 철도 운임의 폭락과 임금 하락, 관세 및 소득세를 둘러싼 불확실성, 이런 문제를 해결해야 할 의회의 미온적인 태도 등이 그것들이다. 내가 답하겠다. 주식시장은 이 모든 것들을 이미 반영하고 있다. 주식시장은 그 어떤 경제평론가보다 훨씬 더 많고 충실한 정보원을 갖고 있다." (1921년 9월 21일)

사실 필자는 당시 해밀턴의 이 칼럼을 읽고 약간의 주식과 채권을 매수했는데, 이 때의 투자 원금이 불어나 나중에 주택을 사고, 사업자금도 마련할 수 있었다. 또한 이 예측은 나로 하여금 그 후 몇 년간에 걸친 평균주가의 연구에 빠져들게 했다. 마치 무지개의 끝을 쫓는 것 같은 연구였지만 나에게는 정말 환상적이고, 개인적으로도 큰 이익이 된 경험이었다.

1921년 늦가을 무렵 해밀턴은 왜 약세장의 종말을 언급했는지에 대해 묻는 또 한 통의 편지를 받았다. 그의 답변은 이런 것이었다. 부진한 거래량, 횡보하는 주가, 악재성 뉴스에 둔감해진 시장 움직임, 반등 시도조차 실패하는 분위기, 이런 것들은 전부 최악의 상황이 끝났다는 것을 의미하며, 평균주가의 일간 차트를 보면 자신의 이 같은 생각을 뒷받침해준다는 것이다.

다음 페이지에 나오는 차트는 대세하락 흐름의 바닥에서 평균주가의 움직임이 어떤 특징을 보이는지 잘 보여준다. 그림에 나온 9차례의 약세장은 일간 주가 차트로 나타냈으며, 각각의 기간에서 최저점을 100으로 표시했다; 따라서 주가 변동폭은 각각의 저점을 100으로 했을 때의 상승비율과 하락비율이다.

이 차트는 원래 거래량과 함께 표시한 것인데, 여기서는 거래량을 나타내지 않았다. 모두 9차례의 약세장 가운데 7차례에서는 평균주가가 저점을 통과하기 전후의 60~90일간 6%정도의 박스권 안에서 움직이고 있는 것을 보여준다. 물론 두 가지 평균주가가 똑같이 움직이지는 않는다. 하지만 나머지 2차례의 경우에도 10%정도의 범위 안에서 움직이고 있다.

또 6차례의 약세장에서는 저점을 기록하기 몇 달 전부터 거래량이 꾸준히 감소한 반면, 나머지 3차례에서는 그렇지 않았다. 즉, 이런 경우 약세장이 끝났다는 신호로 극히 부진한 거래량을 찾으려면 실수할 가능성이 있다.

약세장의 마무리 국면에서 이중 바닥이 나타난다는 이야기는 여기저기서 들을 수 있다. 가끔은 이런 현상을 볼 수 있는 것도 사실이지만, 그것을 하나의 신호로 받아들이려 한다면 낭패를 보기 십상이다. 이중 바닥의 출현을 자주 지적하는 사람들은 약세장 기간 중에 진짜 바닥도 아닌데 얼마나 많은 이중 바닥이 나타나는지는 전혀 주목하지

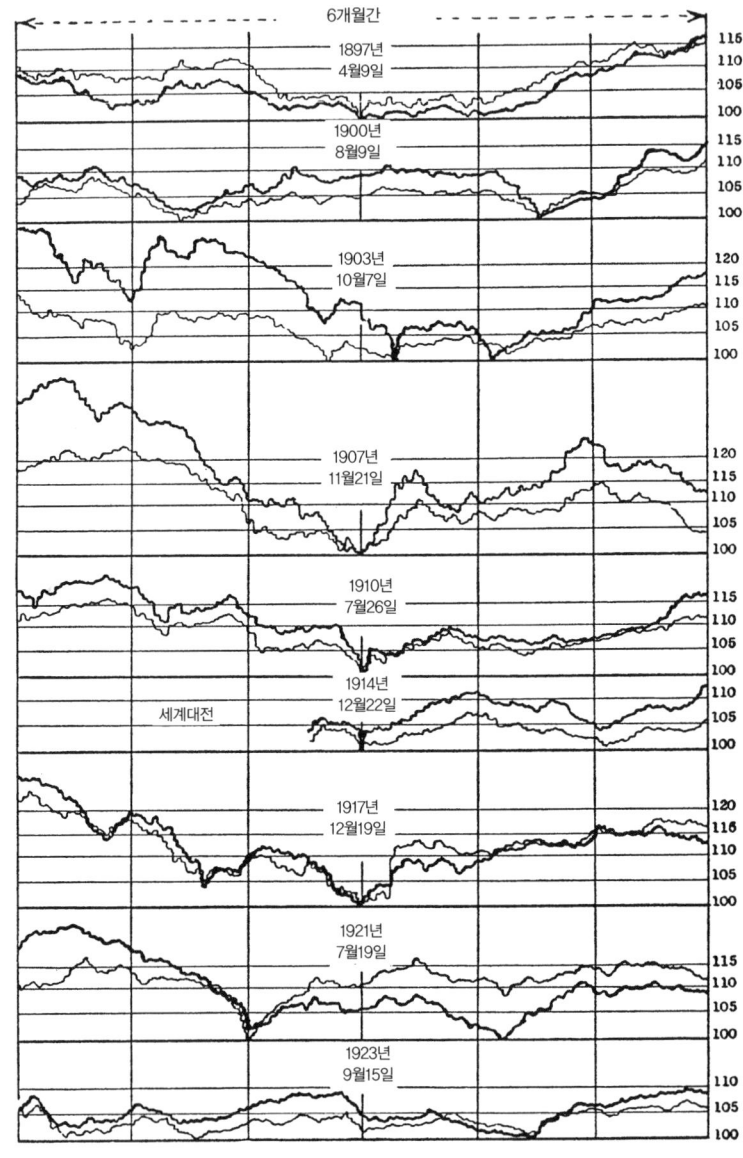

않는다. 대세하락 흐름에서 출현한 이중 바닥을 전부 조사해보면 결코 약세장의 마지막 국면은 아니었지만 저점을 경신하는 과정에서 이중 바닥이 수없이 만들어졌음을 알 수 있다. 이런 경우 평균주가를 아주 유용하게 활용할 수 있는데, 두 가지 평균주가 가운데 하나만 저점을 만들고 다른 평균주가는 이를 확인해주지 않는다면 시장의 중요한 추세는 아니지만 2차적인 추세가 바뀔 가능성이 있다고 생각할 수 있을 것이다.

기본적인 시장 흐름이 상승세에 있을 때보다 약세장에 있을 때 주가 움직임을 예측하기가 더 용이한 것 같다. 적어도 시장의 정상이 어디까지 올라갈 것인가 보다는 바닥이 어디까지 떨어질 것인가를 판단하는 게 더 쉽기 때문이다.

어느 투자자든 평균주가를 공부했다 하더라도 진짜 저점보다 10% 정도 범위 내에서 시장이 바닥을 쳤다고 판단한다면 사실 대단히 운이 좋은 경우다. 그러나 다우 이론을 활용하는 데 익숙한 투자자라면 주가가 진짜 저점보다 20%정도 상승하기 이전에 추세의 반전을 명확하게 읽어낼 수 있을 것이다.

9

대세상승 흐름

대세상승은 주식시장의 전반적인 상승 흐름으로, 중간중간에 2차적인 조정이 나타나며, 평균적으로 2년 이상 이어진다. 대세상승 기간에는 경기 상황의 개선과 투자 분위기의 호전에 힘입은 투자자의 주식 매수 및 투기적 사재기에 따라 주식 수요가 늘어나면서 주가가 오르는 것이다. 대세상승 흐름에도 세 가지 국면이 있다: 첫 번째 국면은 기업 경기의 미래에 대한 신뢰가 되살아나는 단계다; 두 번째 국면은 기업 이익의 증가가 확인되면서 주가도 따라서 오르는 단계다; 세 번째 국면은 투기 열풍이 불어 닥치고 인플레이션이 확산되는 기간으로, 부풀려진 기대와 희망으로 주가가 올라가는 단계다.

앞서 언급했듯이 다우 이론은 다우존스 산업 평균주가와 철도 평균주가의 매일매일 등락을 바탕으로 미래의 시장 흐름을 효과적으로 유추

해내는 아주 상식적인 수단이다. 다우 이론을 이해하고 있는 모험적인 투자자에게 평생 절대로 놓칠 수 없는 순간은 시장의 큰 흐름이 약세를 마무리짓고 대세상승을 만들어가는 시점이다.

해밀턴은 시장의 바닥은 쉽게 집어낼 수 있었던 것 같다. 그는 대세상승의 최후 지점인 천정을 판단하는 것보다 대세하락의 최저점인 바닥을 판단하는 게 훨씬 더 쉽다고 말하기도 했다. 금융시장에 관한 그의 해박한 지식이 그의 성공에 한 요인이 됐던 것은 사실이다. 그러나 그만큼 뛰어나지 않은 투자자들도 평균주가에 담겨있는 정확한 의미를 읽어낼 수 있는 정도의 지식만 있다면 적절한 시점에 다우 이론을 활용해 성공적인 투자 성과를 올릴 수 있을 것이다.

대세상승 흐름과 대세하락 흐름에 대해 이야기하자면 우선 이 점을 분명히 해두어야 한다. 대세상승 흐름의 첫 번째 국면은 어느 정도 시간이 지나기 이전까지는 약세장에서 나타나는 마지막 단계의 2차적인 랠리와 구분하기 어렵다는 점이다. 마찬가지로 대세하락 흐름의 첫 번째 국면은 시장의 긴 강세 흐름에서 나타나는 마지막 단계의 2차적인 조정과 흡사하다. 따라서 약세장이 끝났는지 여부를 논하려면 반드시 대세상승 흐름이 확실히 시작됐는가를 따져봐야 한다. 대세하락 흐름이 어떻게 끝을 맺는지는 앞선 장에서 설명했다. 다시 한번 부연하자면 약세장의 마무리 단계에서는 새로운 악재가 나오고 더욱 비관적인 시각이 부각된다 해도 시장이 내성을 가진 듯 별로 반응하지 않는다는 점이다. 또한 주가가 급락한 뒤에도 다시 반등할 여력조차 상실해버린 것처럼 보인다. 시장의 투자 분위기는 완전히 가라앉아 버려 더 이상 주가를 떨어뜨릴 세력도 없고, 그렇다고 호가를 높일 만한 수요자도 없는 상태에서 균형을 이루게 된다. 주식시장은 질질 끌려갈 뿐 일반 투자자들의 참여도 거의 없다. 온통 비관주의자들뿐이고, 기업은 배당금을 지급하지 못하며, 몇몇 대표적인 기업들마저 유동성 위기에 휩싸이고, 동시에 정치적인 불확실성마저 더욱 부각된다. 이런 모든 문제들로 인해 주식은 바닥에서 "박스권"을 형성하는 것이다. 그리고 이 "박스권"이 위쪽으로 뚫려져 나가면 매일같이 등락을 거듭하는 다우존스 산업 평균주가와 철도 평균주가가 랠리를 거듭할 때마다 저점을 조금씩 높여가고, 랠리 뒤에 조정이 나타나도 직전 저점 밑으로 떨어지지 않는 것이다. 그 이전까지 숨죽인 채 매수 기회를 엿보고 있던 투기 세력이 신호를 알아차리는 것은 바로 이 때다. 이런 시기를 포착하기 위해서는 인내가 필요하다. 하지만 주가가 꽤 상승한 뒤에도 큰 폭의 조정이 나타난다. 물론 이 때의 조정 국면에서는 앞서 대세하락 흐름에서 기록했던 저점까지 떨어지지 않고, 조정이 끝난 뒤 이어지는 다음 단계의 랠리에서는 이전에 기록했던 고점을 경신한다. 이제 시장은 강세장으로 전환된 게 확실하므로 어느 정도 안심하고 적극적으로 매수해도 되는 것이다.

이렇게 묻는 독자들도 있을지 모르겠다. 1930년 봄에 전례가 없을 정도로 강력한 2차적인 랠리가 나타났는데, 그것은 왜 기본적인 약세장의 마감과 새로운 강세장의 시작을 알려주는 것이 아니었느냐고 말이다. 우선 간단히 답하겠다. 평균주가를 공부한 투자자라면 누구나 강세장이란 그렇게 폭발적인 랠리와 함께 시작되지 않는다는 사실을 잘 알고 있다. 더구나 주가가 직전 저점까지 떨어졌던 하락폭의 25%, 심지어 100%에 달할 정도로 반등폭이 컸던 경우는 대세상승 흐름의 초기 국면에서 나타났던 적이 없다. 해밀턴은 대세상승 흐름이 어떻게 시작되는지에 관해 많은 글을 남겼다. 다음에 인용하는 내용은 바닥권을 헤매던 시장이 어떻게 강세장으로 발전해가는지를 설명한 장문의 칼럼 가운데 일부분이다:

"앞선 약세장에서 시장은 주가를 누구나 인정하는 가치보다도 훨씬 아래로 끌어내렸다. 이유는 간단하다. 다른 시장에서는 그런 가격표가 붙을 수 없을 정도로 형편없는 가격이 증권거래소에서는 형성됐기 때문이다. 이것이 주식시장이 갖고 있는 바로미터 효과다. 시장 참여자 전부가 유동성 압박을 느끼고 있다는 점을 알려주는 것이기 때문이다.

그런 점에서 대세상승 흐름의 첫 번째 국면에서는 누구나 인정하는 가치로 복귀하게 된다. 대개 강세장의 가장 긴 단계인 두 번째 국면에서는 전반적인 경기 호전에 힘입어 기업 가치는 보다 안정적으로 향상되고, 주가도 이를 반영한다. 이 기간에는 또 대세상승 흐름에서 나타날 수 있는 가장 길고, 가장 속기 쉬운 2차적인 조정이 출현하곤 한다. 세 번째 국면에서는 일반 투자자들이 단순히 기업의 현재 가치뿐만 아니라 미래의 잠재력까지 주가에 반영해 주가를 끌어올린다." (1923년 6월 25일)

해밀턴은 장기적으로 천천히 올라가는 상승 국면에서는 인내심이 필요하며, 확실한 강세장에서 수반되는 급격한 2차적인 조정을 넘어서기 위해서는 용기가 필요하다고 이야기한다:

"적어도 1년 이상 지속되는 긴 강세장에서 평균주가의 상승은 비교적 완만하게 이뤄지는 반면 가끔씩 출현하는 2차적인 하락은 급격하게 일어나는 경우가 많다. 끈질긴 인내심을 갖고 있으면 이런 사실을 알 수 있고, 평균주가의 흐름을 통해 검증 받을 수 있다. 마찬가지로 시장의 긴 약세장에서 나타나는 2차적인 급반등도 자연스러운 것이다."(1910년 3월 19일)

월 스트리트에서 "눈이 달린 돈"을 굴리는 사람들은 주가가 그 기업의 진정한 가치보다 훨씬 떨어지는 주식, 혹은 멀지 않은 장래에 충분히 갖게 될 가치에 비해 크게 떨어지는 주가로 거래되는 주식을 매수해서 결국 자신이 지불한 것보다 높은 가격으로 매각한다. 전문적인 지식과 기술로 무장한 이들 "눈이 달린 돈"을 가진 투자자들은 마치 수요 감소로 인해 양모 가격과 방적 공장의 가격이 폭락했을 때 덩달아서 급락한 면화 제품을 사들이는 상인과 비슷하다. 일시적으로 가격이 크게 떨어진 면화를 대규모로 사들인 상인은 한참 뒤 시장 가격이 오르게 되면 팔아버릴 것이다. 월 스트리트의 현명한 투자자들은 주식이 내재 가치와 향후 전망, 수익성보다 훨씬 낮은 가격에 팔리고 있을 때 조용히 물량을 확보해 나가기 시작한다. 일반 투자자들도 주가가 더 이상 떨어지지 않는다는 사실을 깨닫게 되고, 그동안 비관주의에 사로잡혀 주가가 너무 하락했다는 사실을 발견하게 된다. 그러면 일반 투자자들도 매수에 가담하기 시작하고, 우량주의 유통 물량은 자취를 감춰버리며, 주가는 상승하고, 마침내 강세장이 자리잡는 것이다. 그러나 해밀턴은 기본적인 주가 흐름의 반전은 결코 갑작스럽게 일어나지 않는다며 이렇게 경고했다. "시장의 기본적인 큰 흐름인 대세상승과 대세하락을 만들어내는 여건은 결코 하루아침에 바뀌지 않는다. 다만 기본적인 주가 흐름에서 나타나는 첫 번째 반등이나 하락은 갑작스럽게 이뤄질 수 있다."(1910년 7월 29일)

다우 이론에 대한 이런 설명은 경기 예측 수단으로서의 유용성보다는 투자자들이 효과적으로 활용할 수 있는 수단이라는 점에 더 초점이 맞춰져 있다. 필자는 굳이 해밀턴이 남긴 위대한 저서 《주식시장 바로미터》에 새로운 내용을 추가하려는 게 아니다. 그의 책은 원래 평균주가의 움직임을 경제 전반의 바로미터로 해석할 수 있다는 생각을 바탕으로 쓰여진 것이지만 주식 투자에 활용하기 위해 다우 이론을 공부하는 사람들 역시 경기 흐름을 알려주는 신뢰성 높은 지표로 평균주가를 이해할 수 있을 것이다.

해밀턴은 시장의 천정을 집어내는 것은 늘 어렵다고 토로했다. 그의 말을 직접 들어보자:

"……시장이 바닥권에 있을 때보다 정상권에 있을 때 그 전환 시점을 이야기하기가 훨씬 더 어렵다. 약세장이 오랫동안 지속되면 기업의 순이익, 배당 수익률, 유동자산 등으로 평가한 주식의 적정 가치와 평균주가 간의 괴리가 벌어지게 되고, 이런 차이는 쉽게 눈에 들어온다. 그러나 강세장이 오랫동안 이어져도 많은 기업들의 주가는 여전히 적정 가치 범위 내에 머물러 있다. 강세장이라고 해서 모든 주식이 전부 오르는 것은 아니다. 더구나 여러 복잡한 요인들로 인해, 보다 정확히 얘기하자면 주식시장 바로미터가 예측한 경제 전반의 활황세가 안정적으로 이어질 경우 강세장의 정상권에서 한동안 비교적 적은 변동폭을 유지하며 강세 분위기가 계속될 수도 있다. 심지어 강력한 약세장이 시작되기 전 근 1년간이나 평균주가가 정상권 언저리에서 머무른 경우도 있었다."(1926년 2월 15일)

그는 또 이런 글도 남겼다: "……기본적인 주가 흐름에서 정확히 천정을 집어내는 것은 어떤 바로미터도 할 수 없는 영역이다. 투기 심리의 분출로 인해 폭등세가 나온 적이 없는 강세장일 경우에는 더욱 어렵다."(1923년 6월 13일) 이 글의 의미를 부연해보자. 만약 강세장 기간 중에 대단한 폭등도 없이 하락세가 나타난다면 그것이 후에 대세하락 흐름의 기점이 되는 첫 번째 하락 국면이었는데도 평균주가를 어느 정도 공부한 투자자들마저 이것이 강세장의 2차적인 조정에 불과하다고 생각할 수 있다는 것이다.

해밀턴은 주제를 명확히 전달하기 위해 월 스트리트의 격언들을 즐겨 인용했다. 평균주가가 정점 근처에 다다른 시점이 되면 이렇게 썼다: "월 스트리트의 노련한 투자자들은 엘리베이터 보이와 구두닦이 소년이 주식시장의 상승세에 관한 이야기를 할 때면 일단 보유 주식을 모두 팔고 낚시나 가야 할 시점이 된 것이라고 말한다." 숱한 강세장의 막바지 국면에서 그는 독자들에게 이렇게 경고하곤 했다. "어떤 나무도 하늘 끝까지 자랄 수는 없다."

주식시장이 마지막 상승세를 분출하던 1929년 봄, 해밀턴은 평균주가의 흐름을 보면 기본적인 추세는 여전히 상승세인 것만은 분명하다는 사실을 인정하면서도 독자들에게 일단 이익을 실현한 뒤 시장을 빠져나가라고 경고했다. 그의 경고를 여기에 옮겨보겠다: "……다우 이론을 공부한 투자자라면 주가가 적정 가치를 훨씬 넘어서 어디까지 갈 수 있는지 한번 자문해봐야 한다. 적어도 자신의 가슴이 멍들고 기억조차 가물가물해질 때나 가능해질지 모를 희망에 기대어 주식을 사지 않는다면 말이다."(1929년 4월 5일)

이로부터 20년 전인 1909년에도 해밀턴은 주식시장이 천정을 치기 불과 9일 전에 독자들에게 주의를 환기시키는 칼럼을 썼다: "절대로 잊어서는 안될 게 있다. 비록 지금 이 나라 경제가 위대한 번영의 길로 들어섰다지만 주가 상승이 영원히 계속될 수는 없다. 사상 최고치를 경신하며 작은 거품이라도 만드는 순간 너무 높이 올라간 시장은 현기증을 느끼며 불가피한 조정에 빠져들 수 있다."(1909년 8월 24일)

해밀턴은 또 이런 생각을 자주 피력했다: "……주식시장은 궁극적으로 경기가 여전히 좋을 때 하락세로 돌아설 것이다. 그러나 경기의 하강 전환 시점과 그리 크게 차이는 나지 않을 것이다."(1922년 4월 6일) 경제학자들은 1929년 마침내 대강세장이 끝나기 이전에 경기는 이미 하강하기 시작했다고 지적한다. 이 말이 맞을 수도 있다. 그러나 이 경우는 시장이 분출한 에너지가 그 어느 강세장보다도 강력하고 폭발적이었다. 1929년에 경기의 하강을 미리 예측했는가의 여부와는 관계없이 그 해 10월 주가의 흐름이 하락세로 전환되기에 앞서 평균주가가 반전 신호를 분명히 던져주었다는 사실은 누구도 부정할 수 없을 것이다. 다우 이론을 충분히 공부하고 2차적인 조정을 구분하는 데 이를 효과적으로 활용한 투자자라면 그 해 9월 주식을 전부 팔았을 것이다.

실제로 많은 사람들이 그렇게 했다. 두말할 필요도 없이 그렇게 하지 못한 사람들은 다우 이론을 믿기보다 자신의 판단을 더 굳게 지켰던 것을 후회하고 있을 것이다.

다우존스 평균주가를 근거로 기록한 1897년 이후의 강세장 가운데 1929년 천정을 친 뒤 하락세로 반전한 강세장보다 평균주가의 흐름을 쉽게 읽을 수 있었던 경우는 없다.

주가의 거품을 알려주는 온갖 지표들이 다 나왔다. 거래량은 과도할 정도로 많았고, 증권회사의 주식 매수자금 대출금은 연일 최고치를 경신했다. 금융기관들이 서로 자금을 거래할 때 적용하는 콜금리도 매우 높았다. 이로 인해 많은 기업들은 제품 생산에 투자할 돈을 월 스트리트에 높은 이자를 받고 빌려주는 게 정상적인 사업을 하는 것보다 더 이익이 될 정도였다. 특정 종목을 연합해서 매수하는 세력이 기승을 부렸고, 증권회사 객장은 발 디딜 틈도 없었다. 대표적인 종목의 배당수익률은 최고 우량기업의 채권 수익률보다 낮았다. 기업내용이 부실한 주식들조차 내재가치나 수익성과는 상관없이 주가가 치솟았다. 온 나라가 주식 투기에 미쳐버린 듯한 모습이었다. 노련한 투자자들은 그 시절을 되돌아보며, "새로운 시대(The New Era)"가 열렸다는 시각에 사로잡혀 불가피하게 닥쳐올 시장의 폭락 사태를 피하지 못했다고 말한다. 당시 훌륭한 감각을 가진 은행가가 투자자들에게 신중해지라고 이야기하면 시장을 망가뜨리려 한다는 비난을 받았던 반면, 나중에 고객들의 등이나 쳐먹은 "사기꾼" 소리를 듣게 된 다른 은행가는 슈퍼맨으로 이름을 날렸다.

이런 흥분의 도가니 속에서도 다우 이론은 절대 주저하지 않았다. 1929년 봄 평균주가는 주식의 수요와 공급이 같은 수준이라는 신호를 보냈다. 즉, 시장의 중요한 세력들이 대규모로 주식을 내놓고 있지만, 또 다른 중요한 세력들이 이를 매수하고 있는 셈이었다. 그래도 평균주가는 여전히 매수 세력이 매도 세력보다 더 강력하다는 사실을 말해주고 있었다. 두 가지 평균주가가 모두 사상 최고치를 경신했고, 시장은 상승 곡선을 타고 즐기듯이 올라가고 있었기 때문이다. 다우 이론은 시장의 에너지가 아직 충분하므로 주가는 다시 상승세를 탈 수 있을 것이라고 말해주고 있었다.

5월 12일부터 6월 5일 사이 시장에서는 중요한 하락 반전 조짐이 나타났다. 그러나 거래량을 살펴보면 상승할 때는 거래량이 늘어나고, 하락할 때는 거래량이 급격히 줄어들었는데, 다우 이론에 따르면 이런 움직임은 대세상승 흐름에서 나타나는 2차적인 조정에 불과한 것이었다.

길고 길었던 강세장은 마침내 1929년 9월 3일 천정을 쳤다. 이날부터 10월 4일까지 이어진 하락세는 이것 역시 강세장에서 나타나는 또 한차례의 조정처럼 보였다. 그러나 곧 이어 10월 5일부터 시작된 랠리에서 거래량이 눈에 띄게 줄어들었다. 다우 이론을 공부한 투자자라면 그 뒤 8일간의 주가와 거래량 차트를 살펴봤을 것이고, 시장 에너지가 더 이상 주가를 끌어올릴 만한 여력이 없다는 사실을 알아차렸을 것이다. 주가는 계속 올랐지만 거래량은 계속 줄어들었기 때문이다. 주가 차트 전문가들은 이 같은 랠리는 대세하락 흐름에서 나타나는 반등과 마찬가지로 상승에 한계가 있다는 점을 잘 알고 있다. 따라서 다우 이론에 충실한 투자자였다면 다우존스 산업 평균주가가 350선에 있을 때 보유 물량을 모두 털어냈을 것이다. 사상 최고치로부터 10%도 채 되지 않는 선에서 시장을 빠져 나올 수 있었던 것이다! 그렇게 하지 못한 투자자들도 다음날부터 계속해서 더욱 강력한 신호를 목격할 수 있었다. 주가는 떨어지는 데 거래량은 계속 늘어났다. 마침내 10월 4일에 기록했던 저점이 10월 20일에 붕괴됐다. 평균주가를 제대로 읽은 투자자들은 대세하락 흐름이 도래했다는 시장의 냉정한 평결을 의심할 수 없는 사실로 받아들였을 것이다.

해밀턴이 기본적인 주가 흐름의 반전을 마지막으로 예측한 것은 1929년 9월에 시작된 대약세장의 시작을 정확히 알려준 일종의 포고문이었다. 그는 매일매일의 평균주가 패턴을 바라보면서 암울한 앞날을 분명하게 예상할 수 있었다. 그는 1929년 9월 23일자 〈배런스〉에 평균주가의 박스권 형성에 관한 내용을 썼다. 1929년 10월 21일에는 역시 〈배런스〉에 일련의 랠리와 하락이 시장의 약세 반전을 의미하기에 충분하다는 경고성 글을 남겼다. 마침내 1929년 10월 25일자 〈월스트리트저널〉에는 지금도 회자되고 있는 그의 유명한 칼럼 "조류의 변화(A Turn in the Tide)"가 실렸다. 그는 이 칼럼에서 9월 이후 이어지고 있는 하락세는 대세하락 흐름의 첫 번째 국면이라고 분명하게 밝혔다. 해밀턴은 그 후 몇 주만에 갑자기 세상을 떠났다. 그가 마지막으로 예측한 기본적인 주가 흐름의 반전이 그에게는 최고의 예측 가운데 하나가 된 것이었다.

10

2차적인 주가 흐름

2차적인 주가 흐름은 대세상승에서 나타나는 결정적인 하락과 대세하락에서 나타나는 결정적인 상승으로, 대개 3주에서 몇 개월간 이어진다. 대세상승 흐름에서 2차적인 하락이 출현하면 직전 조정장을 끝낸 뒤 상승했던 오름폭의 최소 33%에서 최대 66%까지 내려가는 게 일반적이다. 마찬가지로 대세하락 흐름에서 2차적인 상승이 출현하면 직전 반등장을 끝낸 뒤 하락했던 내림폭의 최소 33%에서 66%까지 올라가는 게 일반적이다. 2차적인 조정과 반등은 종종 기본적인 추세의 반전으로 잘못 인식되기도 하는데, 사실 대세상승 흐름의 첫 번째 국면은 대세하락 흐름에서 나타나는 반등 흐름과 정확히 일치하기 때문이다. 대세상승 흐름에서 주가가 정점에 도달한 후 처음으로 떨어지는 과정 역시 2차적인 조정과 똑같다.

2차적인 주가 흐름은 마치 증기기관에서 안전판 역할을 하는 밸브처럼 주식시장에서 반드시 필요한 존재다. 물론 2차적인 조정이 나타나면 신용으로 주식을 매수한 투자자들은 엄청난 위협에 직면한다. 반면 다우 이론을 공부한 투자자들은 2차적인 주가 흐름을 통해 엄청난 수익을 올릴 수 있는 기회를 얻는다. 이들은 2차적인 주가 흐름을 정확히 파악하고, 기본적인 추세의 반전과 혼동하지 않는다. 해밀턴은 이렇게 말했다: "강세장의 안전판 가운데 하나는 2차적인 조정이다. 과도한 투기 열풍을 가장 효과적으로 억제하는 장치가 바로 그것이기 때문이다."

2차적인 주가 흐름이 진행되고 있을 때면 이런 질문을 자주 듣는다. "2차적인 조정(혹은 반등)이 얼마나 오래 갈까요?" 평균주가의 흐름을 잘 분석해보면 이렇게 이야기하는 게 합리적일 것이다. 강세장에서 결정적인 조정 국면이 나타나면 직전 저점부터 상승한 폭의 3분의 1에서 3분의 2정도 후퇴하는 게 일반적이고, 마찬가지로 약세장에서 중요한 반등 국면이 나타나면 직전 고점에서 하락한 폭의 3분의 1에서 3분의 2정도 만회하는 게 일반적이다. 이런 식으로 일반화하면 현실적으로 무척 유용하다. 그러나 2차적인 주가 흐름이 정확히 어디까지 갈 것인지 재단하려고 한다면, 마치 어느날의 적설량이 한치의 오차도 없이 3.5센티미터가 될 것이라고 예상하려는 기상예보관처럼 십중팔구 틀리게 될 것이다. 기상예보관은 대개 눈이 내릴 것인지 여부와 대략 언제부터 눈이 내릴 것이라고 예상하면 된다. 정확히 몇 시부터 눈보라가 칠 것이며, 눈이 몇 센티미터나 쌓일 것인지는 확실하게 예상할 수는 없다. 다우 이론을 공부하는 투자자들도 이와 비슷하다고 생각하면 된다.

2차적인 주가 흐름을 야기하는 원인은 상당히 많다. 그 중에서도 가장 중요한 요인은 약세장일 경우 과매도 상태에 빠졌을 때며, 강세장일 경우 과도할 정도로 폭발적인 매수가 이뤄졌을 때다. 기본적인 주가 흐름이 더욱 강력하게 진행될수록 이런 요인들 역시 중대되며, 2차적인 주가 흐름이 나타나게 되면 시장에서는 대개 "기술적인 조정 또는 반등"이 출현했다고 이야기 한다. 2차적인 조정이 발생하면 사람들은 늘 특정한 악재성 뉴스 때문에 촉발됐다고 성토하지만, 실제로는 시장 자체가 이미 어느 정도 취약해졌고, 그래서 조정이 쉽게 나타날 수 있었던 것이다.

정상적인 강세장이 진행돼 시장이 계속해서 상승하면 일반 투자자들은 마음 놓고 투자 규모를 늘려나간다. 이들은 나중에 주가가 오르면 팔겠다는 희망과 함께 주식을 사들이는 것이다. 그런데 어느날 매수자보다 매도자가 많아 매물이 제대로 소화되지 못할 수 있다. 언제나 이런 상황을 대비하는 프로 투자자들은 공매도 물량을 계속 늘려나가고, 그러면 개인 투자자들은 패닉에 휩싸여 보유 주식을 내다판다. 추세를 거스르는 조정은 더욱 심해지게 되는 것이다. 몇 주 동안 계속해서 오른 이후에 이처럼 개인 투자자들의 투매와 프로 투자자들의 공매도가 함께 나타나면 며칠간 주가는 급격히 후퇴한다. 이런 격렬한 급락세에 직면하면 마음 약한 주식 보유자나 신용으로 주식을 매수했던 투자자들은 보유 물량을 전부 처분해버리고 만다. 그 결과 주가는 노련한 트레이더들이 다음 상승을 준비하면서 물량 확보를 시작하는 수준까지 떨어지게 되는 것이다.

대세하락 흐름에서는 이와 반대 현상이 벌어진다. 현금이 필요한 투자자들이 꾸준히 주식을 내다팔면서 주가는 갈수록 떨어진다. 프로 투자자들 역시 오를 가능성보다 내릴 가능성이 더 크다는 사실을 알고 있으므로 공매도를 통해 하락폭을 더욱 키운다. 결국 주가는 현재 주식시장이 처해있는 상황을 감안해도 그보다 더 아래로 떨어진다. 공매도 물량이 너무 과도할 정도로 많아졌을 수도 있다. 노련한 트레이더들은 현금을 확보하기 위한 일반 투자자들의 매도 물량이 적어도 단기적으로는 충분히 소화됐다는 사실을 알고 있다. 이들은 불가피하게 출현할 랠리를 준비하며 물량을 확보하기 시작한다. 평균주가의 흐름을 보면 알 수 있듯이 약세장에서도 랠리는 주기적으로 나타나기 때문이다. 바로 이런 상황이 벌어지고 있던 1910년 7월 29일에 해밀턴은 이렇게 썼다: "지금 나타나고 있는 랠리가 정상적인 주가 흐름이라면 지난번 주가 하락폭의 약 40%정도는 순식간에 회복할 것이다. 이번 랠리가 끝나갈 즈음 시장의 거래량이 급격히 줄어들면 대부분의 프로 투자자들은 주식을 매도할 것이다. 다우 이론에 따르면 진정한 강세장이 도래했다는 것을 보장해줄 만한 충분한 매수 에너지가 축적되지 않았기 때문이다."

2차적인 랠리가 나타나면 신문에서는 "공매도 세력들이 도망치고 있다"고 기사화한다. 사실 공매도 세력들은 서둘러 포지션을 청산하고, 단기적인 차익을 챙기기 위해 주식을 매수한다. 여기에 개인 투자자들까지 매수에 가세해 시장 전반은 급격한 상승세를 연출한다. 이런 랠리는 시장의 매수 에너지가 소진될 때까지 이어진다. 단기적인 차익을 챙기기 위해 매수했던 세력들이 이익을 실현하고 빠져나가면 시장 에너지는 소멸되는 것이다. 시대를 초월한 수요와 공급의 법칙은 여기서도 어김없이 적용돼 주가는 다시 떨어지기 시작한다. 그렇게 해서 주가는 재차 수요가 공급을 앞서는 수준까지 하락한다. 패닉에 빠져들거나 그와 비슷한 상황이 벌어질 경우에도 일부 주식은 은행을 비롯한 몇몇 매수 세력들이 시장을 지켜내기 위해 매수하는데, 이런 주식은 이미 상승장에서 조심스럽게 물량 확보가 이루어진 종목들이다. 해밀턴은 이 같은 장면이 연출됐던 1909년 5월 21일 자신의 칼럼을 통해 이렇게 말했다: "월 스트리트에서 가장 입에 자주 오르내리는 상투적인 경구 가운데 이런 말이 있다. 거래가 활발하지 않을 때는 절대로 공매도를 하지 말아야 한다는 것이다. 물론 이 말이 틀리는 경우보다 맞는 경우가 더 많을지 모르겠다. 하지만 시장의 긴 흐름이 약세 국면으로 접어들었을 때는 결코 맞는 말이 아니다. 주가가 장기적으로 약세를 보이는 시장 흐름에서는 주가가 일시적으로 랠리를 보일 때 거래는 위축되고, 주가가 하락할 때 거래는 활기를 띤다." (1909년 5월 21일)

2차적인 주가 흐름은 늘 투자자들을 당황하게 만들고, 해밀턴 역시 종종 당혹스러움을 느꼈다: "강세장에서 나타나는 2차적인 조정은 정말로 판단하기 어렵고, 심지어 드러나는 지표들마저 속기 쉬울 때가 있다." 더구나 2차적인 조정 국면에서 기본적인 추세의 반전을 나타내는 여러 정황들이 포착될 때도 있다. 즉, 대세상승 흐름에서 약세장으로 변화할 때 나타나는 특징들을 보여주는 것이다. 트레이더들이 이렇게 혼동하기 때문에 주식시장 전반은 2차적인 조정을 겪으면서 건전한 체력을 유지하는 셈이다. 1924년 9월 11일 해밀턴은 2차적인 조정에 관해 이렇게 설명했다: "내가 지난 20여 년 동안 이와 관련된 경험을 통해 알게 된 사실은 강세장에서 벌어지는 2차적인 조정은 그 자체가 시장의 기저를 반영한 것도 아니거니와, 대세상승을 특징지우는 일부라는 점에서 대세하락 흐름을 움직이는 법칙에 지배되지도 않는다. 즉, 대세상승 흐름에서 나타나는 조정은 방향만 유사할 뿐 진짜 대세하락 흐름과는 다른 것이다." 강세장에서 위로 올라가려는 압력이 너무 높아지면, 마치 보일러의 안전 수치가 정상 범위를 벗어나기 전에 증기 보일러의 안전밸브가 열리며 압력을 낮춰주듯이 2차적인 조정이 나타나는 것이다. 1922년 11월 3일 해밀턴은 이 문제에 관해 다음과 같이 썼다: "강세장에서 나타나는 2차적인 조정에 관한 철학이 있는데, 이것은 일체의 비과학적인 요소들을 배제한 채 진정으로 과학적인 시스템을 연구하고자 한다면 절대 간과해서는 안되는 것이다. 앞서 내 칼럼에서도 언급한 것처럼 2차적인 조정은 전혀 예상할 수 없는 형태로 시작된다. 2차적인 조정은 너무 과도하게 상승한 강세장을 진정시키는 역할을 한다. 그렇게 함으로써 시장은 일종의 보험과도 같은 아주 중요한 기능을 수행하는 것이다. 2차적인 조정을 거치면서 주가는 안전한 수준, 즉 확실하게 진단할 수는 없지만 어쨌든 시장의 비정상적인 증상들이 사라질 때까지 내려온다. 사실 약세론자들의 주장이 충분히 이해될 정도라면 이런 약세론자들의 주장은 시장에 반영된다고 말할 수 있을지도 모르겠다."

　대세하락 흐름에서 조용하면서도 계속해서 하락세가 이어지고 있을 때는 공매도하기에 좋은 타이밍이다. 이런 상황은 대개 결국은 심각한 하락 국면으로 발전하기 때문이다. 그러나 시장이 극적인 하락을 겪고 난 뒤, 그 충격으로 다시 패닉과 같은 상황으로 빠져들면 공매도 물량을 청산하고, 차라리 주식을 약간 매수하는 게 현명할 수 있다. 이와는 반대로 시장이 조용하면서도 건조한 모습으로 거래량을 늘려나가고 오름세를 이어가는 경우에도 혹시 '세력들'이 보유 물량을 털어내려는 의도가 숨어있지 않은지 의심해볼 필요가 있다. 시장이 여전히 강하고 거래가 활발히 이뤄지는 동안 보유 주식을 처분하거나, 또 거래량은 늘어나는데 주가가 예전처럼 오르지 못할 경우 이런 매물 출회가 나타날 수 있기 때문이다. 그러나 대세상승 흐름에서 공매도를 하는 투자자들은 단지 2차적인 조정을 염두에 둔 것이므로, 공매도로 돈을 벌 수 있는 확률은 자신에게 불리한 것이 된다. 그러므로 대세상승 흐름에서는 랠리가 진행될 때 이익을 실현한 뒤 하락할 때는 일단 옆으로 비켜나서 2차적인 조정이 나타난 뒤 거래가 부진한 시기까지 기다리다가 다시 투자를 시작하는 게 훨씬 유리할 수 있다. 2차적인 조정 이후 거래가 한산해졌을 시점이야말로 아마추어 투자자들이 시장의 가장 노련한 프로 투자자들과 똑같은 출발점에서 "달려나갈 수 있는" 기회이기 때문이다.

　2차적인 조정은 잘 분석하면 충분히 이해할 수 있고, 또 구분해낼 수도 있는 특별한 특징을 가진 게 사실이지만, 전문적인 투자자들조차 전혀 예상할 수 없는 특징도 갖고 있다. 2차적인 조정이 정확히 언제부터 시작될 것인지를 판단하기란 실제로 불가능하다는 게 일반적인 생각이다. 쉽게 말해 어느날의 주가 등락이 기본적인 추세와 어긋난다면 그것이 2차적인 조정이나 반등의 시작일 수 있기 때문이다. 주가가 마치 패닉에 빠진 것처럼 급전직하하고 있는데도 거래량이 꾸준히 증가한다면 2차적인 조정이 시작됐다고 볼 수 있다. 그러나 거래량이 이처럼 크게 늘어나는 경우는 2차적인 조정의 첫째 날이나 둘째 날일 수도 있지만 기본적인 추세가 마지막 정점에 도달한 날일 수도 있다. 2차적인 조정이나 반등의 한 가지 분명한 특징은 기본적인 추세를 거스르는 주가 흐름이 앞서 기본적인 추세가 진행되는 동안 나타났던 것보다 훨씬 빠르게 이뤄진다는 것이다. 해밀턴은 이렇게 말했다. "대세하락 흐름에서 나타나는 랠리는 격렬하면서도 비이성적인 경향이 있으며, 지금까지의 하락 추세를 부분적으로밖에 회복하지 못하지만 속도는 하락 속도보다 훨씬 빠르다. 대세상승 흐름에서는 이와 반대 현상이 벌어진다." 가끔은 단 며칠 동안의 2차적인 조정으로 인해 몇 주 동안의 상승폭을 반납한 채 후퇴할 수도 있다. 수 년간의 주가 차트를 관찰해가면서 평균주가를 공부한 투자자라면 기본적인 주가 흐름과 2차적인 주가 흐름을 합리적으로 구분할 수 있는 주가 패턴을 알고 있을 것이다. 강세장의 정상권에서 평균주가가 내림세로 반전할 때는 통상적으로 급격한 하락세는 출현하지 않는다; 마찬가지로 약세장의 바닥권에서, 나중에 그것이 새로운 강세장의 서곡이었음을 확인할 수 있는 랠리가 나타날 경우에는 대개 상승세가 완만하고 중간중간에 다시 후퇴하기도 하며, 하락할 때 거래량이 눈에 띄게 줄어드는 경향이 있다.

여러 날에 걸쳐 산업 평균주가와 철도 평균주가가 서로 어긋난 방향으로 움직일 때 2차적인 주가 흐름이 시작됐음을 확인할 수 있는 경우도 자주 있다. 그러나 이런 특징을 하나의 법칙처럼 받아들여서는 안 된다. 왜냐하면 강세장이 정상에 도달했거나 약세장이 바닥까지 떨어졌을 경우에도 대부분 이런 현상이 벌어지기 때문이다.

해밀턴은 1921년 12월 30일자 칼럼에서 2차적인 주가 흐름에 관해 이렇게 썼다: "월 스트리트의 오랜 격언 가운데는 '거래량이 줄어들었을 때는 절대로 팔지 말라'는 말이 있다. 기본적인 약세장에서 랠리는 급등세를 연출한다. 하지만 노련한 트레이더들은 이 같은 랠리가 지난 뒤 시장이 활기를 잃게 되면 적극적으로 다시 공매도에 나선다. 기본적인 강세장에서는 정확히 반대로 행동한다. 시장이 2차적인 조정을 거친 뒤 거래가 다시 잠잠해지면 노련한 투자자들은 매수에 나서는 것이다."

중요한 2차적인 주가 흐름은 대개 어떤 주가 패턴을 만들어낸다. 기본적인 추세와 어긋나는 조정이나 반등 움직임이 두세 단계의 국면을 형성하는 것이다. 물론 이런 주가 움직임을 보일 때는 산업 평균주가와 철도 평균주가의 방향은 일치하는 게 일반적이다. 그러면 이제부터 실제로 확인할 수 있는 평균주가의 움직임을 통해 2차적인 조정과 랠리를 설명해보겠다:

강세장에서 출현하는 2차적인 조정의 전형적인 사례는 긴 상승세가 진행된 다음인 1928년 5월 14일부터 나타났다: 그 날 산업 평균주가는

220.88로 단기 고점을 찍었고, 철도 평균주가는 이에 앞서 5월 9일에 기록한 147.05가 단기 고점이었다. 5월 9일부터 14일까지 두 가지 평균주가는 서로 다른 방향으로 움직였다. 5월 22일에 산업 평균주가는 211.73까지 떨어졌고, 철도 평균주가는 142.02로 하락했다. 시장은 그 뒤 잠시 오름세를 이어가 6월 2일 산업 평균주가는 220.96까지 올랐지만 철도 평균주가는 144.33에 그쳤다. 그리고 하락폭이 다시 깊어져 6월 12일 산업 평균주가는 202.65, 철도 평균주가는 134.78을 기록했다. 주가는 다음 이틀간 랠리를 보여 6월 14일 산업 평균주가는 210.76, 철도 평균주가는 138.10까지 회복했다. 그리고는 매도세가 다시 강해지며 6월 18일 산업 평균주가는 201.96, 철도 평균주가는 133.51로 떨어졌다. 그런데 거래량 역시 꾸준히 줄어들어 그 이전까지 하루 평균 200만~400만 주에 달했던 거래량이 불과 100만 주를 겨우 넘는 수준이 됐다. 결국 이 때의 하락은 통상적으로 나타나는 2차적인 조정의 한계가 드러나면서 막을 내렸다.

약세장에서 나타나는 2차적인 반등의 특징적인 모습을 잘 보여주는 사례는 1931년 6월과 7월의 시장을 들 수 있다. 그 해 2월 24일부터 시작된 긴 하락세로 인해 산업 평균주가는 194.36에서 121.70(6월 2일)까지 떨어졌고, 철도 평균주가는 111.58에서 66.85(6월 3일)로 주저앉았다. 저점으로 다가갈수록 거래량은 꾸준히 늘어났다. 곧 랠리가 출현해 산업 평균주가는 6월 4일 134.73으로 뛰어올랐고, 철도 평균주가는 그 다음날 76.17까지 회복했다; 6월 6일에는 산업 평균주가와 철도 평균주가가 129.91과 73.72를 각각 기록하며 다시 떨어졌지만 랠리는 재차 힘을 발휘해 6월 13일에 두 평균주가를 137.03과 79.65로 각각 끌어올렸다. 6월 19일에는 두 평균주가가 130.31과 74.71로 후퇴하기도 했지만, 2차적인 반등이 마지막 랠리를 끝내고 단기 고점을 찍은 6월 27일 두 평균주가는 156.93과 88.31을 각각 기록했다. 이 때 역시 평균주가가 단기 고점에 다다르기에 앞서 며칠 동안 거래량이 급격히 줄어들었다. 당시 2차적인 반등이 약 4주간 이어지는 동안, 산업 평균주가는 앞선 2차적인 반등에서 기록했던 고점으로부터 2월 24일의 직전 저점까지 떨어졌던 하락폭의 45%를 회복했고, 철도 평균주가는 48% 만회했다.

강세장에서 나타나는 2차적인 하락의 공통적인 특징은 조정 국면에서 만들어내는 단기 저점에서는 거래량이 비교적 많다는 점이다. 그 뒤 하루나 이틀은 거래량이 약간 줄거나 비슷한 수준을 유지하면서 상승세를 보인다. 곧 이어 다시 하락세가 나타나지만 앞선 단기 저점 아래로는 떨어지지 않는다. 이를 통해 2차적인 조정 국면이 다 끝났으며, 기본적인 강세 흐름이 재개될 것이라고 추정할 수 있다. 물론 이런 추정이 가능하려면 앞서 나타난 2차적인 조정 때 기록했던 저점으로부터 올랐던 상승폭의 33~66%를 이번 2차적인 조정에서 내주었다는 것을 전제로 한다.

2차적인 조정과 반등이 얼마나 심할 수 있는가에 대해서는 이 책의 말미에서 수치를 들어서 설명할 것이다.

주식 트레이더라면 누구나 2차적인 주가 흐름을 판단할 때 항상 거래량을 염두에 두어야만 한다는 사실은 무척이나 중요하다. 거래량은 주가 흐름의 특징과 그 의미를 해석하는 데 중요하다. 그러나 더욱 중요한 점은 하락세가 출현했을 경우 그것이 강세장에서의 조정이라면 그냥 주식을 보유해도 되겠지만 기본적인 추세의 반전이라면 팔아야 한다는 귀중한 의사결정을 내릴 때 거래량이 꼭 필요하다는 것이다.

평균주가가 약세장에서 새로운 저점을 만들며 떨어지거나 강세장에서 새로운 고점을 경신할 때는 기본적인 추세가 상당한 기간 동안 유지될 것이라고 생각해도 큰 무리가 없다; 그러나 주식 트레이더라면 누구나 염두에 두어야 할 사실은 이런 신고점이나 신저점에서 아주 급격한 2차적인 조정이나 반등이 나타날 수 있다는 점이다. 불가피하게 출현할 수밖에 없는 2차적인 주가 흐름의 상승폭과 하락폭이 어느 정도나 될 것이며, 얼마나 지속될 것인가에 대해서는 잠시 뒤에 설명하겠지만, 통상 2차적인 주가 흐름이 마무리되는 3주 내지는 3개월 동안 신용으로 주식에 투자해 다급한 마음을 갖고 있는 트레이더들은 무척이나 초조해 할 것이다. "이중 천정"이나 "이중 바닥"이라는 말이 여기저기서 튀어나오는 시기도 바로 이 때다. 주가가 한쪽 방향으로는 기본적인 추세가 만들어낸 지지선 또는 저항선에 부딪치고, 또 한쪽 방향으로는 2차적인 조정이나 반등이 만들어낸 지지선 또는 저항선에 부딪치며 아래위로 움직이는 경우를 가리켜 일반적으로 "주가가 갇혀 있다"고 말한다. 소위 "박스권"이 모습을 드러내는 것도 바로 이 시기다.

2차적인 주가 흐름은 말로 설명하기는 쉽지만 그 자체를 정확하게 정의하기란 매우 어렵다. 때로는 "박스권"을 형성한 뒤 시작했다가 박스권을 형성한 뒤 끝나기도 하지만, 그렇지 않을 때도 있다. 기본적인 주가 흐름이 완만하게 진행돼 왔다면 2차적인 조정이나 반등은 급격하게 출현할 가능성이 있다. 이런 경우 2차적인 주가 흐름이 대개 공통적으로 갖고 있는 상당히 모양을 잘 갖춘 "박스권"이 조정이나 반등에 앞서 8주 이상 지속될 수 있다.

해밀턴은 수십 년간에 걸쳐 2차적인 주가 흐름의 지속기간과 정도에 대해 많은 글을 남겼다. 그가 쓴 모든 칼럼을 열심히 연구해보면 2차적인 주가 흐름의 전형적인 특징들에 대해 설명한 내용을 수없이 발견할 수 있을 것이다. 다음에 인용하는 글들 역시 그가 2차적인 주가 흐름에 관한 생각을 밝힌 것이다.

몇 해 전 그는 2차적인 주가 흐름은 늘 과도하게 진행되는 경향이 있다며 이렇게 지적했다: "지난 4반세기 이상의 주가 기록을 살펴볼 때 2차적인 반등이 나타나면 앞선 하락폭의 60% 이상을 회복하는 경우가 자주 있다. 앞서 패닉에 가까운 투매 사태가 출현했을 때 시장을 지지하며 개인 투자자들의 매도 물량을 다 받아주었던 강력한 매수 세력들은 이렇게 주가가 회복되는 기간 중에 물량을 내놓아 다시 개인 투자자들이 매수에 나서도록 만든다. 반등 분위기에 힘입어 시장에 나온 매도 물량은 전부 소화된다. 패닉에 가까운 급락세가 출현한 뒤 거의 자동적으로 나타난다고 해도 과언이 아닌 이 같은 반등이 끝나면 시장은 다시 하락세로 돌아서 천천히, 앞서 패닉을 야기하며 기록했던 저점으로 돌아간다. 이런 식으로 주가의 급락에 이어 급등이 나타났다고 해서 대세하락 흐름이 끝났다고 볼 수는 없지만 가끔은 그런 식으로

추세가 반전되기도 한다."(1926년 4월 4일)

"대세하락 흐름에서 나타나는 장기적인 하락세와 확연히 구분되는, 패닉으로 인한 급락세가 출현한 뒤에는 언제나 평균주가가 패닉 현상을 보이며 떨어졌던 하락폭의 약 40~60%를 회복한다는 사실을 알 수 있다. 그리고는 패닉이 벌어질 당시 주식시장을 지키기 위해 사들였던 물량이 출회되기 시작하면 곧 다시 하락하게 되는 것이다."(1907년 12월 25일)

"직전 하락폭의 40% 이상을 회복하는 랠리가 출현한 뒤, 혹은 완만한 반등세나 소폭의 등락이 반복된 뒤에 급격한 하락세가 나타난다면 곧 이어 시장은 균형을 찾을 때까지 마치 시계추처럼 오락가락하며 변동폭을 줄인다. 시장에서 패닉과도 같은 급락세가 나타난 뒤에는 늘 이런 일이 벌어진다."(1910년 9월 20일)

"수십 년간에 걸친 평균주가의 움직임을 검증한 결과 알아낸 사실은 시장의 오랜 상승세 이후 조정이 나타나면 대개 상승폭의 절반 정도를 후퇴한 뒤 시장은 다시 원래의 추세로 돌아가 조정을 거치면서 기록했던 저점과 이전 고점 간의 간격을 메운 다음 다시 새로운 상승 에너지를 분출한다."(1906년 4월 16일)

지금까지 인용한 해밀턴의 글은 그가 2차적인 주가 흐름을 얼마나 정확히 꿰뚫어보고 있으며, 얼마나 깊이 있는 연구를 했는가를 보여주기에 충분하다. 이 같은 연구가 대단하다는 것은 2차적인 주가 흐름의 지속기간과 변동폭에 관한 한 누구도 수학적으로 정확한 해답을 내놓을 시도조차 하지 못했기 때문이다. 지금까지 설명했듯이 다우 이론은 경험적인 것이며, 수학적인 계산으로 답을 도출할 수 있는 것이 아니다. 그렇지만 오랜 세월 동안 기상청이 축적한 일기예보 기록은 날씨를 예측하는 데 매우 유용하다. 마찬가지로 2차적인 주가 흐름의 지속기간과 변동폭을 일목요연한 표로 만들어 잘 살펴보면 미래의 시장 흐름을 예측하는 데 도움이 되는 게 사실이다.

지난 35년간 〈다우, 존스 앤드 컴퍼니〉에서 기록해놓은 산업 평균주가와 철도 평균주가의 흐름에서 중요한 2차적인 주가 흐름을 꼽으라고 한다면 아마도 사람들마다 전부 다르게 표시할 것이다. 필자 역시 2차적인 주가 흐름을 분류하는 데 여러 방식을 사용해봤고, 각각의 방식으로 결과를 도출하는 데는 몇 주에 걸친 고달픈 작업이 필요했다. 하지만 어떤 방식도 아주 만족스러운 결과를 가져다 주지 못했다. 한번은 지속기간이 15일에 못미친 2차적인 조정이나 반등을 제외시켜 보았다. 그랬더니 오히려 중요한 주가 흐름 여럿이 사라진 반면 중요하지 않은 것이 부각됐다. 다음에는 지속기간은 무시한 채 평균주가의 변동폭이 5% 미만이었던 주가 흐름을 제외시켜 보았다. 그리고는 변동폭을 다시 7.5%, 10%로 키워보았다. 하지만 이런 방법 역시 진짜로 중요한 주가 흐름을 놓치게 만들었고, 의미 없는 작은 주가 흐름은 포함시키는 결과를 낳았다. 이렇게 해서 나름대로 2차적인 주가 흐름을 구분하는 방법을 발전시키게 된 것이다. 지금 내가 쓰는 방법은 너무 복잡해 여기서는 자세히 설명할 수 없지만, 한마디로 작은 주가 흐름은 무시하고 정말로 중요한 주가 흐름만 포착하는 것이다. 이렇게 해서 지난 35년간 나타난 2차적인 반등과 조정을 표로 정리한 것이 이장의 말미에 나오는 〈표 1〉이다; 〈표 2〉와 〈표 3〉은 기본적인 강세장과 기본적인 약세장을 정리한 것인데, 각각의 날짜별로 평균주가를 표시했다. 여기에 나온 날짜를 기초로 계산해보면 다음과 같은 결과가 나온다(여기서의 날짜는 증권거래소의 거래일이 아니라 일요일과 공휴일까지 포함한 실제 날짜다-옮긴이):

대세하락 흐름에서는 약세장이 평균 95.6일 지속된 뒤 2차적인 반등이 나타나는 데, 반등의 지속기간은 평균 66.5일이다. 다시 말해 이 때의 반등이 지속되는 기간은 앞서 진행된 대세하락 기간의 평균 69.6%다. 대세상승 흐름에서는 강세장이 평균 103.5일 지속된 뒤 2차적인 조정이 나타나 42.2일간 이어지며, 이를 비율로 나타내면 대세상승 기간의 40.8%다.

해밀턴은 2차적인 반등이나 조정이 통상 3주에서 몇 달 정도 지속된다고 자주 언급했다. 이 말을 검증하기 위해 계산해본 결과, 약세장에서 나타난 반등의 65.5%가 20~100일 사이에 소멸됐고, 이런 통상적인 반등의 지속기간은 평균 47.3일이었다. 또 반등의 45%는 지속기간이 25~45일이었다. 강세장에서 나타난 조정은 이보다 약간 짧아서, 20~100일 사이에 소멸된 조정은 60.5%였고, 이런 통상적인 조정의 지속기간은 평균 42.8일이었다. 마찬가지로 25~45일 사이에 끝나버린 조정은 전체의 44.2%였다.

해밀턴은 2차적인 반등이나 조정이 나타나면 앞선 기본적인 주가 흐름에서 하락했거나 상승한 변동폭의 40~60%를 되돌리는 게 일반적이라는 자신의 생각을 자주 피력했다. 그의 이런 믿음을 검증해보면,

우선 약세장에서 나타난 2차적인 반등은 앞서 기본적인 주가 흐름에서 하락한 주가의 평균 55.8%를 회복했다. 또 앞선 대세하락 흐름에서 하락한 주가의 3분의 1에서 3분의 2를 회복한 반등은 전체의 72.5%에 달했고, 이 경우 평균 반등폭은 대세하락 흐름에서 하락한 주가의 49.5%였다.

대세상승 흐름에서 나타난 조정의 경우는 다음과 같다: 2차적인 조정은 앞서 기본적인 주가 흐름에서 상승한 주가의 평균 58.9%를 다시 후퇴시켰다. 그러나 앞선 상승폭의 3분의 1에서 3분의 2를 되돌린 조정은 전체의 50%에 불과했고, 이 경우 평균 하락폭은 기본적인 강세장에서 상승한 주가의 54.9%였다.

대세상승 흐름과 대세하락 흐름에서 나타나는 2차적인 주가 흐름의 특징은 조정과 반등을 각각 따로따로 보기보다는 두 가지를 전체적으로 함께 고려할 때 더 분명하게 드러난다. 이런 점을 감안하면 기본적인 주가 흐름이 평균 100.1일 지속된 다음에는 중요한 2차적인 반등이나 조정이 나타난다는 사실을 알 수 있다. 또 모든 2차적인 주가 흐름의 평균 지속기간은 52.2일이며, 앞선 기본적인 주가 흐름에서 상승했거나 하락한 변동폭의 평균 57.6%를 되돌렸다.

물론 2차적인 주가 흐름이 나타날 경우 거의 전부가 이처럼 앞선 변동폭의 57.6%를 되돌린 다음 끝난다면 주식 투자하기가 매우 편할 것이다. 그러나 안타깝게도 2차적인 주가 흐름의 7.1%는 앞선 상승폭이나 하락폭의 불과 10~25%를 되돌린 채 끝나버리고 말았다; 또 25~40%를 되돌린 경우가 25.4%, 40~55%가 18.8%, 55~70%가 26.7%,

70~85%가 8.5%며, 2차적인 조정의 14%는 앞선 상승폭이나 하락폭의 무려 85% 이상을 되돌렸다.

2차적인 주가 흐름에서는 시간이라는 개념도 매우 유용하다. 2차적인 조정이나 반등의 73%가 55일 이내에 끝나버렸기 때문이다. 또 2차적인 주가 흐름의 60%는 지속기간이 25~55일이었다는 중요한 사실도 알 수 있다.

〈표 1〉

기본적인 주가 흐름과 2차적인 반동
(다우존스 산업 평균주가)

Declined	Apr. 19, '97	38.49	Dec. 15, '02	59.57	Nov. 29, '09	95.89
Rallied	Sept. 10, '97	55.82	Feb. 16, '03	67.70	Dec. 29, '09	99.28
Declined	Nov. 8, '97	45.65	Aug. 8, '03	47.38	Feb. 8, '10	85.03
Rallied	Feb. 5, '98	50.23	Aug. 17, '03	53.88	Mch. 8, '10	94.56
Declined	Mch. 25, '98	42.00	Oct. 15, '03	42.25	July 26, '10	73.62
Rallied	June 2, '98	53.36	Jan. 27, '04	50.50	Oct. 18, '10	86.02
Declined	June 15, '98	50.87	Mch. 12, '04	46.41	Dec. 6, '10	79.68
Rallied	Aug. 26, '98	60.97	May 5, '04	73.23	June 19, '11	87.06
Declined	Oct. 19, '98	51.56	Dec. 12, '04	65.77	Sept. 25, '11	72.94
Rallied	Apr. 25, '99	77.28	Apr. 14, '05	83.75	Apr. 26, '12	90.93
Declined	May 31, '99	67.51	May 22, '05	71.37	July 12, '12	87.97
Rallied	Sept. 5, '99	77.61	Jan. 19, '06	103.00	Sept. 30, '12	94.15
Declined	Dec. 18, '99	58.27	July 13, '06	85.18	Mch. 20, '13	78.25
Rallied	Feb. 5, '00	68.36	Oct. 9, '06	96.75	Apr. 4, '13	88.19
Declined	June 23, '00	53.68	Mch. 25, '07	75.39	June 11, '13	72.11
Rallied	Aug. 15, '00	58.90	May 3, '07	85.02	Feb. 3, '14	83.19
Declined	Sept. 24, '00	52.96	Aug. 21, '07	69.26	*Dec. 24, '14	53.17
Rallied	Nov. 20, '00	69.07	Sept. 6, '07	73.89	Jan. 23, '15	58.52
Declined	Dec. 8, '00	63.98	Nov. 22, '07	53.08	Feb. 24, '15	54.22
Rallied	Dec. 27, '00	71.04	Jan. 14, '08	65.84	Apr. 30, '15	71.78
Declined	Jan. 19, '01	64.77	Feb. 10, '08	58.80	May 14, '15	60.38
Rallied	May 1, '01	75.93	May 18, '08	75.12	Oct. 22, '15	96.46
Declined	May 9, '01	67.38	June 23, '08	71.70	Apr. 22, '16	84.96
Rallied	June 17, '01	78.26	Aug. 10, '08	85.40	Nov. 21, '16	110.15
Declined	Aug. 6, '01	69.05	Sept. 22, '08	77.07	Feb. 2, '17	87.01
Rallied	Aug. 26, '01	73.83	Nov. 13, '08	88.38	June 9, '17	99.08
Declined	Dec. 12, '01	61.61	Feb. 23, '09	79.91	Dec. 19, '17	65.95
Rallied	Apr. 24, '02	68.44	Aug. 14, '09	99.26	Feb. 19, '18	82.08
Declined			Apr. 11, '18	75.58	June 12, '22	90.73
Rallied			May 15, '18	84.04	Sept. 11, '22	102.05
Declined			June 1, '18	77.93	Sept. 30, '22	96.30
Rallied			Sept. 3, '18	83.84	Oct. 14, '22	103.43
Declined			Sept. 11, '18	80.46	Nov. 27, '22	92.03
Rallied			Oct. 18, '18	89.07	Mch. 20, '23	105.38
Declined			Feb. 8, '19	79.15	May 21, '23	92.77
Rallied			July 14, '19	112.23	May 29, '23	97.66
Declined			Aug. 20, '19	98.46	July 31, '23	86.91
Rallied			Nov. 3, '19	119.62	Aug. 29, '23	98.70
Declined			Nov. 29, '19	103.60	Oct. 27, '23	85.76
Rallied			Jan. 3, '20	109.88	Feb. 6, '24	101.31
Declined			Feb. 25, '20	89.98	May 20, '24	88.33
Rallied			Apr. 8, '20	105.65	Aug. 20, '24	105.57
Declined			May 19, '20	87.36	Oct. 14, '24	99.18
Rallied			July 8, '20	94.51	Jan. 22, '25	123.60
Declined			Aug. 10, '20	83.20	Mch. 30, '25	115.00
Rallied			Sept. 17, '20	89.95	Feb. 13, '26	162.08
Declined			Dec. 21, '20	66.75	Mch. 30, '26	135.20
Rallied			May 5, '21	80.03	Aug. 14, '26	166.64
Declined			June 20, '21	64.90	Oct. 19, '26	145.66
Rallied			Aug. 2, '21	69.95	May 31, '27	172.96
Declined			Aug. 24, '21	63.90	June 27, '27	165.73
Rallied			Sept. 10, '21	71.92	Oct. 3, '27	199.78
Declined			Oct. 17, '21	69.46	Oct. 22, '27	179.78
Rallied			Dec. 15, '21	81.50	Jan. 3, '28	203.35
Declined			Jan. 10, '22	78.59	Feb. 20, '28	191.33
Rallied			May 29, '22	96.41	June 2, '28	220.96
Declined					June 18, '28	201.96
Rallied					Sept. 7, '28	241.72
Declined					Sept. 27, '28	236.87
Rallied					Nov. 28, '28	295.62
Declined					Dec. 8, '28	257.33
Rallied					Feb. 5, '29	322.06
Declined					Mch. 25, '29	297.50
Rallied					May 4, '29	327.08
Declined					May 27, '29	293.42
Rallied					Sept. 3, '29	381.17
Declined					Nov. 13, '29	198.69
Rallied					Apr. 17, '30	294.07
Declined					June 24, '30	211.84
Rallied					Sept. 10, '30	245.09
Declined					Dec. 16, '30	157.51
Rallied					Feb. 24, '31	194.36
Declined					June 2, '31	121.70
Rallied					June 27, '31	156.93
Declined					Oct. 5, '31	86.48
Rallied					Nov. 9, '31	116.79

* 다우존스 산업 평균주가 산정 종목이 12개에서 20개로 늘어나면서 평균주가를 인위적으로 19.84포인트 떨어뜨렸다.

〈표 2〉

대세상승 흐름에서 발생한 2차적인 조정

	대세상승			2차적인 조정			
From	To	Days	Points Change	Date Completed	Days	Points Reacted	Percentage of Primary Retraced
Apr. 19, '97	Sept. 10, '97	144	17.33	Nov. 8, '97	59	10.17	58.6
Nov. 8, '97	Feb. 5, '98	89	4.58	Mch. 25, '98	48	8.23	179.5
Mch. 25, '98	June 2, '98	69	11.36	June 15, '98	13	2.49	21.9
June 15, '98	Aug. 26, '98	72	10.10	Oct. 19, '98	54	9.41	93.2
Oct. 19, '98	Apr. 25, '99	188	25.72	May 31, '99	36	9.77	38.0
May 31, '99	Sept. 5, '99	97	10.10				
Sept. 24, '00	Nov. 20, '00	57	16.11	Dec. 8, '00	18	5.09	31.5
Dec. 8, '00	Dec. 27, '00	19	7.06	Jan. 19, '01	23	6.27	88.8
Jan. 19, '01	May 1, '01	102	11.16	May 9, '01	8	8.56	76.5
May 9, '01	June 17, '01	39	10.88				
Oct. 15, '03	June 27, '04	104	8.25	Mch. 12, '04	44	4.09	49.6
Mch. 12, '04	Dec. 5, '04	268	26.82	Dec. 12, '04	7	7.46	27.8
Dec. 12, '04	Apr. 14, '05	123	17.98	May 22, '05	38	12.38	69.0
May 22, '05	Jan. 19, '06	242	31.63				
Nov. 22, '07	Jan. 14, '08	53	12.76	Feb. 10, '08	27	7.04	55.4
Feb. 10, '08	May 18, '08	97	16.32	June 23, '08	36	3.42	20.9
June 23, '08	Aug. 10, '08	48	13.70	Sept. 22, '08	43	8.33	60.8
Sept. 22, '08	Nov. 13, '08	52	11.31	Feb. 23, '09	102	8.47	74.9
Feb. 23, '09	Aug. 14, '09	172	19.35				
Sept. 25, '11	Apr. 26, '12	213	17.99	July 12, '12	77	2.96	16.5
July 12, '12	Sept. 30, '12	80	6.18				
Dec. 24, '14	Jan. 23, '15	30	5.35	Feb. 24, '15	32	4.30	80.4
Feb. 24, '15	Apr. 30, '15	65	17.56	May 14, '15	14	11.40	64.9
May 14, '15	Oct. 22, '15	161	36.08	Apr. 22, '16	182	11.50	31.8
Apr. 22, '16	Nov. 21, '16	213	25.19				
Dec. 19, '17	Feb. 19, '18	62	16.13	Apr. 11, '18	51	6.50	40.3
Apr. 11, '18	May 15, '18	34	8.46	June 1, '18	17	6.11	72.3
June 1, '18	Sept. 3, '18	94	5.91	Sept. 11, '18	8	3.38	57.2
Sept. 11, '18	Oct. 18, '18	37	8.61	Feb. 8, '19	113	9.92	115.1
Feb. 8, '19	July 14, '19	156	33.08	Aug. 20, '19	37	13.77	41.6
Aug. 20, '19	Nov. 3, '19	75	21.16				
Aug. 24, '21	Sept. 10, '21	17	8.02	Oct. 17, '21	37	2.46	30.7
Oct. 17, '21	Dec. 15, '21	59	12.04	Jan. 10, '22	26	2.91	24.2
Jan. 10, '22	May 29, '22	139	17.82	June 12, '22	14	5.68	31.8
June 12, '22	Sept. 11, '22	91	11.32	Sept. 30, '22	19	5.75	50.7
Sept. 30, '22	Oct. 14, '22	14	7.13	Nov. 27, '22	44	11.40	160.0
Nov. 27, '22	Mch. 20, '23	113	13.35				
Oct. 27, '23	Feb. 6, '24	102	15.55	May 20, '24	103	12.98	83.4
May 20, '24	Aug. 20, '24	92	17.24	Oct. 14, '24	55	6.39	37.1
Oct. 14, '24	Jan. 22, '25	100	24.42	Mch. 30, '25	67	8.60	35.2
Mch. 30, '25	Feb. 13, '26	320	47.08	Mch. 30, '26	45	26.88	56.3
Mch. 30, '26	Aug. 14, '26	137	31.44	Oct. 19, '26	66	20.98	66.6
Oct. 19, '26	May 31, '27	224	27.30	June 27, '27	27	7.23	26.4
Jan. 27, '27	Oct. 3, '27	98	34.05	Oct. 22, '27	19	20.00	58.6
Oct. 22, '27	Jan. 3, '28	73	23.57	Feb. 20, '28	48	12.02	51.2
Feb. 20, '28	June 2, '28	102	29.63	June 18, '28	16	19.00	64.1
June 18, '28	Sept. 7, '28	81	39.76	Sept. 27, '28	20	4.85	12.4
Sept. 27, '28	Nov. 28, '28	62	58.75	Dec. 8, '28	10	38.29	65.4
Dec. 8, '28	Feb. 5, '29	59	64.73	Mch. 25, '29	48	24.56	37.9
Mch. 25, '29	May 4, '29	40	29.58	May 27, '29	23	33.66	114.0
May 27, '29	Sept. 3, '29	99	87.75				

〈표 3〉

대세하락 흐름에서 발생한 2차적인 반등

	대세하락				2차적인 반등			Percentage of Primary Retraced
From	To	Days	Points Change	Date Completed		Days	Points Reacted	
Sept. 5, '99	Dec. 18, '99	104	19.34	Feb. 5, '00		49	10.09	51.7
Feb. 5, '00	June 23, '00	138	14.68	Aug. 15, '00		53	5.22	35.6
Aug. 15, '00	Sept. 24, '00	40	5.94					
June 17, '01	Aug. 6, '01	50	9.21	Aug. 26, '01		20	4.78	51.9
Aug. 26, '01	Dec. 12, '01	108	12.22	Apr. 24, '02		133	6.83	55.9
Apr. 24, '02	Dec. 15, '02	235	8.77	Feb. 16, '03		63	8.13	92.7
Feb. 16, '03	Aug. 8, '03	173	20.32	Aug. 17, '03		9	6.50	31.5
Aug. 17, '03	Oct. 15, '03	59	11.63					
Jan. 19, '06	July 13, '06	175	17.82	Oct. 9, '06		88	11.57	64.9
Oct. 9, '06	Mch. 25, '07	167	21.36	May 3, '07		39	9.63	45.2
May 3, '07	Aug. 21, '07	110	15.77	Sept. 6, '07		16	4.64	29.5
Sept. 6, '07	Nov. 22, '07	77	20.81					
Aug. 14, '09	Nov. 29, '09	107	3.37	Dec. 29, '09		30	3.39	100.6
Dec. 29, '09	Feb. 10, '10	41	14.25	Mch. 8, '10		28	9.53	66.9
Mch. 8, '10	July 26, '10	140	20.94	Oct. 18, '10		84	12.40	58.5
Oct. 18, '10	Dec. 6, '10	49	6.34	June 19, '11		195	7.38	116.5
June 19, '11	Sept. 25, '11	98	14.12					
Sept. 30, '12	Mch. 20, '13	171	15.90	Apr. 4, '13		15	4.94	31.1
Apr. 4, '13	June 11, '13	68	11.08	Feb. 3, '14		237	11.08	100.0
* Feb. 3, '14	Dec. 24, '14	324	10.80					
Nov. 21, '16	Feb. 2, '17	73	23.14	June 9, '17		127	12.07	52.2
June 19, '17	Dec. 19, '17	135	33.13					
Nov. 3, '19	Nov. 29, '19	26	16.02	Jan. 3, '20		35	6.28	39.2
Jan. 3, '20	Feb. 25, '20	53	19.90	Apr. 8, '20		42	15.67	78.7
Apr. 8, '20	May 19, '20	41	18.29	July 8, '20		50	7.15	39.1
July 8, '20	Aug. 10, '20	33	11.31	Sept. 17, '20		38	6.75	59.6
Sept. 17, '20	Dec. 21, '20	95	23.20	May 5, '21		135	13.28	56.6
May 5, '21	June 20, '21	46	15.13	Aug. 2, '21		43	5.05	33.4
Aug. 2, '21	Aug. 24, '21	22	6.05					
Mch. 20, '23	May 21, '23	62	12.61	May 29, '23		8	4.89	38.8
May 29, '23	July 31, '23	63	10.75	Aug. 29, '23		29	6.79	63.2
Aug. 29, '23	Oct. 27, '23	59	7.94					
Sept. 3, '29	Nov. 13, '29	71	182.48	Apr. 17, '30		155	95.38	52.3
Apr. 17, '30	June 24, '30	68	82.23	Sept. 10, '30		78	33.25	40.4
Sept. 10, '30	Dec. 16, '30	97	87.58	Feb. 24, '31		70	36.85	42.1
Feb. 2, '31	June 2, '31	98	72.66	June 27, '31		25	35.23	48.5
June 27, '31	Oct. 5, '31	100	70.45	Nov. 9, '31		35	30.31	43.0
Nov. 9, '31	Jan. 5, '32	57	45.55					

* 다우존스 산업 평균주가 산정 종목이 12개에서 20개로 늘어나면서 평균주가를 인위적으로 19.84포인트 떨어뜨렸다

11

매일매일의 주가 등락

평균주가의 하루 움직임을 보고 어떤 결론을 내린다면 십중팔구 잘못되거나 의미 없는 것이 될 가능성이 높다. 다만 "박스권" 안에서 지지선이나 저항선을 만들어가는 경우가 유일한 예외가 될 것이다. 그러나 하루하루의 주가 등락도 반드시 기록해서 연구해야만 한다. 일정 기간 동안의 일간 주가 차트는 어떤 주가 패턴을 완성시키게 되고, 이는 향후 주가를 예측하는 데 큰 도움을 줄 수 있기 때문이다.

어느날 하루의 평균주가와 거래량 자체는 별로 중요하지 않다. 그렇다고 해서 그날그날의 평균주가를 무시해서도 안된다. 왜냐하면 매일매일의 주가 등락이 이어져서 미래를 예측할 수 있는 차트를 만들어주고, 이들 통해 우리는 모든 주가 패턴을 연구하고 이해할 수 있기 때문이다. 강철 덩어리 하나로 다리를 만들 수는 없지만 완성된 다리를 구성하는 것은 강철 하나하나라는 사실은 모든 엔지니어들이 다 알고 있다.

상당히 긴 기간 동안 "박스권"이 형성되고 있다면 매일매일의 주가 흐름은 매우 중요하며, 다우 이론에 근거한 추론을 도출하는 데 결정적인 단서를 제공해줄 수 있다. 이 부분에 대한 자세한 설명은 다음 장에서 할 것이다. 그러나 이런 예외적인 경우를 제외하고는 하루하루의 주가 등락에 의존해서 이끌어낸 결론은 거의 대부분 잘못된 것으로 드러날 것이다. 그날그날의 주가 흐름에 따라 투자 결정을 하는 트레이더들은 다우 이론을 활용하는 것이 아니라 단순히 자기 주관대로 예상하는 것일 뿐이다. 대개 이런 사람들이 실패한 원인을 다우 이론 탓으로 돌린다. 해밀턴은 이런 말을 자주 했다: "하루 단위의 주식시장 움직임은 결코 논리적이지 않다."(1929년 7월 29일) 물론 하루 동안의 주가 움직임을 반드시 활용해야 한다고 주장하는 이들도 있고, 실제로 그렇게 하는 사람들도 적지 않다. 이들에게는 해밀턴이 남긴 이 말이 다소 힘이 되어줄 것이다: "때로는 하루 동안의 주가 움직임을 활용하는 게 필요한 시점이 분명히 있다."(1910년 8월 30일) 그렇지만 해밀턴은 다우 이론에서는 일반적으로 하루 단위의 주가 움직임은 중시하지 않는다는 사실을 밝히고 있다.

12

두 가지 평균주가는 반드시 서로를 확인해주어야 한다

다우존스 산업 평균주가와 철도 평균주가의 흐름은 꼭 함께 살펴봐야 한다. 중요한 결론을 내리기에 앞서 반드시 두 가지 평균주가의 움직임이 서로를 확인해주는지 따져봐야 한다. 한 가지 평균주가의 움직임만 보고, 혹은 두 가지 평균주가가 서로를 확인해주지 않는데도 마음대로 결론을 내린다면 십중팔구는 틀릴 것이다.

이 내용은 다우 이론에서 가장 유용한 부분이자, 단 하루도 절대로 잊어서는 안되는 사실이다. 어떤 주가 흐름이든 두 가지 평균주가가 모두 확인해주지 않는다면 의미를 가질 수 없다. 다우 이론을 이해했다고 주장하는 많은 사람들이 실제로는 산업 평균주가의 흐름만 생각한다. 비록 이들이 산업 평균주가 산정에 포함되는 제조업 주식만 거래한다고 해도 그래서는 안된다. 심지어는 차트 상에 한 가지 평균주가만 그려놓고, 이것으로 주가 흐름을 정확하게 해석할 수 있다고 말하기도 한다. 물론 이렇게 해서 도출한 결론이 맞아떨어지는 경우도 있다. 그러나 장기적으로 보면 이런 방식은 절망적인 결과를 낳을 수밖에 없다.

철도 평균주가보다 유틸리티 평균주가가 더 중요하다고 생각하는 사람들이 있다. 유틸리티 업종의 거래가 철도 업종보다 거래가 훨씬 활발하기 때문이다. 솔직히 이와 관련된 논쟁에 끼어들고 싶지는 않지만 이런 의문은 얼마든지 제기할 수 있을 것이다. 왜 구리 평균주가는 사용하지 않으며, 자동차 평균주가는 분석하지 않는가? 유틸리티 평균주가를 사용하는 게 더 좋다는 주장을 하는 사람들에게 해줄 수 있는 최선의 대답은 지금까지의 실험 결과가 될 것이다. 다우 이론에서는 산업 평균주가와 철도 평균주가라는 두 가지 주가 흐름을 적용해 분석하는 것이 산업 평균주가와 유틸리티 평균주가를 분석하는 것보다 훨씬 더 효율적이다. 다우 이론은 오로지 산업 평균주가와 철도 평균주가의 흐름만을 분석한다. 해밀턴이 명백하게 밝히고 있듯이 산업 평균주가와 철도 평균주가 이외의 주가 흐름을 쓰는 방식은 다우 이론이 아니다.

왜 두 가지 평균주가가 반드시 서로를 확인해주어야 하는지에 대해 다우가 자세히 설명하려고 하지 않은 이유는 이해하기 어렵다. 그의 이론은 주가 흐름이 나중에 진짜로 중요한 것으로 판명됐을 경우 반드시 두 가지 평균주가가 서로를 확인해주었다는 관찰 결과에 바탕을 두고 있다. 해밀턴 역시 《주식시장 바로미터》를 쓰면서 철도 평균주가가 왜 산업 평균주가와 반드시 함께 움직여야 하는지에 대한 설명을 남겨놓지 않았다. 어쩌면 지금 보기에 당연하면서도 논리적인 몇 가지 이유를 여기서 늘어놓는 것은 주제 넘는 일일지도 모르겠다.

그러나 경제 전반이 침체기를 지나 호전되어가는 사이클을 한번 생각해보자. 경기 침체기가 끝나갈 즈음 공장 가동률은 여전히 형편없을 것이다; 실업자들과 궁핍한 생활을 어디서나 쉽게 발견할 수 있을 것이다. 재고는 쌓여가고, 소비자들의 구매력은 소진된 상태며, 기업들의 배당금 지급 규모는 바닥 수준까지 떨어졌다; 그렇지만 사람들은 여전히 하루 세끼를 먹고, 옷을 입으며, 더 많은 아이들이 태어나고, 기계는 점차 노후화되며, 근로자들에게 지불하는 임금 비용도 크게 줄어든다. 마침내는 이런 날이 찾아온다. 철강회사의 판매 담당 간부가 영업현장에서 올라온 보고서를 읽어보고는 비록 당장 주문이 들어오는 것은 아니지만 모두들 철강을 필요로 하는 교량과 아파트 상당수가 멀지 않은 장래에 건설될 계획이라는 사실을 발견한다. 이 철강회사 간부는 즉각 최고경영자에게 가서 이런 상황에 대해 상의할 것이다. 최고경영자는 부사장을 불러 경기가 다시 살아나서 제철소를 재가동한다면 어느 정도의 시일이 소요되겠느냐고 물을 것이다. 최고경영자는 또 이사회를 열어 당장 용광로에 불을 붙여야 하며, 수리가 필요하다며 예산 집행을 요청할 것이다. 벽돌과 시멘트, 모래 등이 철도를 통해 제철소로 들어올 것이고, 용광로 재점화를 위한 새로운 인력들을 고용할 것이다. 철도회사의 화물운송 담당 간부는 철강회사로 화물들이 들어가고 있다는 사실을 최고경영자에게 보고하고, 철강회사가 이런 지출을 하는 것을 보니 향후 전망이 괜찮아질 것이라고 덧붙일 것이다. 철도회사 최고경영자 역시 부사장을 불러 새로운 상황에 대해 논의할 것이다. 이들은 철광석을 용광로까지 실어 나르는 화차를 새로 단장하기로 결정한다. 이를 위해서는 페인트를 좀 더 구입해야 하고, 약간의 신규 인력도 필요하다. 용광로를 재가동하고, 철광석 운반용 화차를 수리하는 데 들어간 임금 비용은 적은 숫자지만 어쨌든 근로자들의 구매력을 높여주고, 이들은 신발과 옷을 살 것이며, 따라서 신발가게와 의류점의 재고가 줄어들 것이다. 신발가게에서는 곧 신발공장에 새로운 주문을 할 것이고, 신발공장에서는 더 많은 신발을 만들기 위해 가죽과 접착제 따위를 추가로 주문할 것이다. 이제 바야흐로 교량과 아파트 건설이 착수돼 철강이 사용되기 시작한다; 용광로는 다시 불타오르고, 철광석은 제철소로 운송된다. 아마도 다른 업종에서도 이런 순환 사이클이 나타날 것이다.

하지만 아직 철강회사의 재무제표 상에 나타난 순이익은 늘어나지 않았을 수도 있다. 또 앞서 예로 든 주문의 물량이 너무 적어서 매출액도 거의 변동이 없었을지 모른다. 그렇지만 어쨌든 철도회사는 벽돌과 철광석을 운반해준 운임을 현금으로 받았을 것이며, 운송 수입의 증가는 그대로 철도회사의 순이익으로 연결됐을 것이다. 이 같은 설명이 논리적이라면 철도주와 산업주의 주가가 순서와 관계없이 같은 방향으로 움직일 것이라고 생각해도 무방할 것이다. 원재료를 구입하면 어떤 운송수단을 쓰든 공장으로 보내야 한다. 여러 운송수단간의 경쟁이 갈수록 치열해지고 있지만 그래도 현재 가장 많이 쓰이는 운송수단은 철도다.

다우 이론을 정말 제대로 활용하고자 한다면 두 가지 평균주가가 서로를 확인해줄 때까지 기다리는 게 반드시 필요하다는 사실을 깊이깊이 새겨두어야 한다. 이 점은 너무나도 중요하기 때문에 다소 지루할 수도 있겠지만 이 주제와 관련해 해밀턴이 지난 수십 년 동안 남긴 글을 충분히 인용해두는 게 최선일 것 같다:

"……다우 이론에서는……한 가지 평균주가가 다른 평균주가를 확인해주어야 한다고 분명히 밝히고 있다. 기본적인 주가 흐름이 시작될 때는 이처럼 두 가지 평균주가가 반드시 동행한다. 하지만 2차적인 주가 흐름으로 인해 시장이 반전될 때는 항상 그런 것만은 아니다. 내가 쓴 《주식시장 바로미터》를 보면 처음부터 끝까지 이 같은 전제를 벗어나지 않았는데, 그런 점에서 보자면 '주식시장 바로미터'라는 제목이 적절했던 것 같다." (1926년 4월 6일)

"2차적인 반등장에서는 산업주가 철도주보다 훨씬 빨리 그동안의 낙폭을 만회할 수 있다. 반대로 철도주가 반등을 주도할 수도 있다. 산업 평균주가 산정에 포함되는 20개 산업주와 철도 평균주가 산정에 포함되는 20개 철도주가 서로를 확인해주어야 한다고 해서 기본적인 주가 흐름에서 두 지수의 움직임이 1포인트도 차이가 나서는 안된다고 말하는 것은 아니다." (《주식시장 바로미터》)

"다우는 어느 한 가지 평균주가의 움직임을 다른 한 가지 평균주가의 움직임이 확인해주지 않으면 그것을 무시해버렸다. 그가 세상을 떠난 뒤 경험을 통해 알게 된 사실은 이렇게 평균주가를 읽는 방식이 매우 현명하다는 것이다. 그의 이론에 따르면 2차적인 조정이 진행될 때 두 가지 평균주가의 저점이 앞선 조정장에서 기록했던 저점보다 더 낮아질 경우 대세하락 흐름으로 전환된다는 것으로, 이는 매우 중요한 의미를 갖는다." (1928년 6월 25일)

"주가 조작 세력이 두 가지 평균주가를 함께 움직인다는 것은 사실상 불가능하다. 그런 점에서 두 가지 평균주가의 움직임이 서로 일치하지 않는 주가 흐름은 일반적으로 무시할 수 있다." (1928년 7월 30일)

"두 가지 평균주가가 서로를 확인해주지 않는 주가 흐름을 보일 경우에는 향후 경기를 전망하는 데도 여전히 불확실성의 그림자가 드리우고 있다고 볼 수 있다." (1924년 5월 24일)

"평균주가에 관한 다우 이론에 근거해 주가 흐름을 설명하면서 수없이 강조하는 게 있다. 두 가지 평균주가 가운데 하나만 보고 중요한 결론을 도출한다면 그것이 때로는 중요한 것일 수도 있지만 쉽게 속아 넘어갈 수 있다는 점이다. 하지만 두 가지 평균주가가 서로를 확인해줄 경우 아주 귀중한 주가 예측이 가능하다는 사실도 잊지 말아야 한다.

가령 2주 전 철도 평균주가 한 가지만 신고가를 경신했을 때가 있었다. 결국은 그렇게 됐지만, 당시 산업 평균주가도 철도 평균주가와 마찬가지로 신고가를 경신한다면 이것은 상승 추세를 계속 이어갈 것이라는 긍정적인 신호이며, 매우 강력한 강세장이 도래할 것이라고 이야기할 수 있었을 것이다."(1922년 7월 24일)

"······두 가지 평균주가가 서로를 확인해주지 않을 때는 주가 흐름을 잘못 판단할 가능성이 매우 높다."(1922년 11월 3일)

"평균주가를 읽어내는 데 상당히 안전한 원칙이 하나 있다. 비록 그것이 부정적인 것이기는 하지만 말이다. 평균주가의 흐름에서 아무런 의미도 찾아내지 못하는 게 차라리 불완전한 반쪽짜리 의미를 찾아내는 것보다 낫다는 것이다. 두 가지 평균주가는 반드시 서로를 확인해주어야 한다······."(1928년 8월 27일)

"두 가지 평균주가가 반드시 서로를 확인해주어야 한다는 전제는 경험을 통해 그것이 안전하다는 사실을 알려주었다. 평균주가를 산정하면서 수많은 업종에서 40개 종목을 고르지 않고, 산업주와 철도주라는 두 가지 업종에서 유사한 종목 40개를 선정한 이유도 경험 상 그것이 안전하다는 사실을 알 수 있었기 때문이다."(1925년 5월 25일)

"한 가지 평균주가가 신고가나 신저가를 경신했는데, 다른 평균주가는 그렇지 않을 경우 대개 잘못 판단하기 쉽다. 그 이유를 찾는 것은 그리 어렵지 않다. 한 업종의 주식들은 다른 업종의 주식들에게 영향을 미치기 때문이다; 만약 철도주의 매물이 쏟아져 나온다면 산업주 역시 쉽게 올라가기 어려울 것이다."(1913년 6월 4일)

"앞선 경험을 통해 알 수 있듯이 한 가지 평균주가만 혼자서 움직이는 주가 흐름은 속아넘어가기가 쉽다. 그러나 두 가지 평균주가가 동반 상승하든가 동반 하락한다면 시장 전체의 흐름을 알려주는 훌륭한

지표가 된다."(1913년 9월 8일)

 "……단기적으로 한 가지 평균주가만 신저가를 경신한다든가, 혹은 한 가지 평균주가만 신고가를 경신하게 되면 이런 주가 흐름은 그릇된 판단으로 연결될 가능성이 높다."(1915년 2월 10일)

 "……다른 한 가지 평균주가가 확인해주지 않는데도 한 가지 평균주가만 보고 결론을 도출할 경우 잘못될 수가 있으므로, 반드시 주의 깊게 살펴봐야 한다……."(1925년 6월 26일)

 "두 가지 평균주가의 움직임이 동행하지 않는다면 속기 쉽다는 점은 다시 한번 강조해도 괜찮을 것이다."(1915년 6월 9일)

 "다우 이론에 근거해 평균 주가의 움직임을 관찰할 때 정말 믿을 만한 주가 예측이 가능했을 때는 항상 철도주 20개 종목과 산업주 20개 종목으로 각각 구성된 두 가지 평균주가가 서로를 확인해주었다는 사실을 발견하게 된다."(1922년 7월 8일)

 "한 가지 평균주가만 신고가나 신저가를 경신하고 다른 평균주가는 이를 확인해주지 않을 경우 틀리기 쉽다고 말할 수 있다. 평균주가라는 게 처음 고안됐을 때부터 모든 대세상승과 대세하락을 앞두고는 두 가지 평균주가가 동반해서 신고가나 신저가를 경신했다."(1921년 5월 10일)

 "산업 평균주가와 철도 평균주가가 이처럼 거의 동시에 신고가를 경신하게 되면 언제나 보다 강력한 신호를 읽을 수 있다……."(1919년 7월 16일)

 "한 그룹이 박스권을 뚫었는데, 다른 한 그룹이 그렇지 않으면 종종 그릇된 판단으로 이어지기가 쉽다. 그러나 두 가지 움직임이 동시에 나타나면 시장의 추세를 알려주는 것임을 경험을 통해 알 수 있다." (1914년 4월 16일)

"경험에 비추어 볼 때 기본적인 주가 흐름의 저점이나 고점이 두 가지 평균주가에서 모두 같은 날 동시에 나타날 필요는 없다. 비록 한 가지 평균주가가 뒤늦게 신저가나 신고가를 경신하며, 다른 평균주가의 움직임을 확인해준다면 우리는 시장 흐름이 반전됐다고 판단할 수 있다. 앞서 두 가지 평균주가가 시차를 두고 함께 만들어냈던 신저가나 신고가를 보면 그때도 시장이 반전됐음을 알 수 있을 것이다."(《주식시장 바로미터》)

"이 같은 사례는 두 가지 평균주가의 강도는 다를 수 있지만 방향에서는 다를 수 없다는 사실을 잘 보여주고 있다. 이 점은 두 가지 평균주가가 기록된 과거 전기간을 관통하는 매우 믿을 만한 원칙이었다. 또 이 원칙은 시장의 대세상승기에 분명할 뿐만 아니라 2차적인 조정이나 반등이 나타날 때도 거의 틀림없는 사실이었다. 매일매일의 주가 등락에서는 그렇지 않을 수도 있고, 개별적인 주식의 주가 흐름에서는 틀릴 가능성이 매우 높다."(《주식시장 바로미터》)

다우 이론을 공부하는 투자자라면 철도 평균주가와 산업 평균주가가 더 이상 서로를 확인해주지 않고 다른 방향으로 엇갈리는 데는 일정한 간격이 있다는 사실을 발견할 수 있을 것이다. 세계대전이 벌어지고 있는 동안, 그리고 그 직후까지 미국의 철도 기업들은 연방정부가 일정한 이윤을 보장한 고정 운임을 받았다. 따라서 이 기간동안 철도주는 주식 투자의 대상이 될 수 없었다. 수익률이 고정돼 있다 보니 철도주는 채권 가격과 함께 움직였기 때문이다. 따라서 평균주가를 공부하는 투자자는 필요에 따라 일정 기간을 분석 대상에서 제외하는 게 낫다는 사실도 덧붙인다.

13

추세를 판단하기

랠리가 계속되면서 이전에 기록했던 고점을 돌파하고, 곧 이어 나타나는 하락세가 이전에 기록했던 저점보다 높은 수준에서 멈춘다면 시장의 강세를 알려주는 것이다. 이와는 반대로 랠리에도 불구하고 직전 고점의 돌파에 실패하고, 이어서 나타나는 하락세가 직전 저점 밑으로 떨어진다면 시장의 약세를 알려주는 것이다. 이렇게 해서 도출된 추론은 현재의 시장 흐름이 2차적인 반동인지 여부를 판단하는 데 유용하고, 기본적인 주가 흐름이 다시 계속될 것인지, 아니면 변화될 것인지를 예측하는 데도 매우 중요하다. 여기서 말하는 랠리나 하락세는 평균주가가 지금까지의 주가 흐름과는 반대 방향으로 하루에 3%이상 떨어지는 날이 1일 이상 나타나는 것이다. 두 가지 평균주가가 같은 방향으로 움직이지 않는다면 이런 주가 움직임은 큰 의미가 없지만, 그렇다고 해서 두 가지 평균주가가 반드시 같은 날 동시에 서로를 확인해주어야 한다는 것은 아니다.

해밀턴은 대세상승 흐름에서 2차적인 조정을 끝내고 다시 랠리가 시작될 때 중요하게 관찰해야할 것들을 이렇게 설명했다: "……평균주가를 읽어내는 검증된 원칙에 근거할 때 대세상승은 2차적인 조정을 끝낸 뒤 나타나는 랠리가 새로운 신고가를 경신하는 한 계속 이어진다고 말할 수 있다. 두 가지 평균주가는 반드시 같은 날 신고가를 경신할 필요는 없으며, 같은 주에 경신할 필요도 없다. 어쨌든 서로의 움직임을 확인해주기만 하면 된다."(1921년 12월 30일)

한 가지 평균주가만 신고가나 신저가를 경신하고, 나머지 하나는 이를 확인해주지 않는다면 속기 쉽다는 점을 늘 잊지 말아야 한다. 이런 현상이 벌어질 경우 종종 2차적인 주가 흐름이 발생하기도 하는데, 때로는 이것을 판단하는 게 상당히 중요할 수도 있다.

두 가지 평균주가가 함께 확인해준 신저가와 신고가는 추후에 다시 두 가지 평균주가가 신저가와 신고가를 확인해주기 전까지는 주가 흐름에 결정적인 영향을 미친다. 가령 대세상승 흐름에서 신고가가 만들어지면, 강세장이 상당한 기간 동안 더 지속될 것이라고 예상할 수 있다. 또한 그 이후에 한 가지 평균주가가 이전 고점을 경신하지 못한 채 상승세를 마감하거나, 심지어 앞선 저점 아래로 떨어진다 해도 다른 한 가지 평균주가가 이를 확인해주지 않는다면 지금까지 이어진 강세장이 여전히 유효하다는 신호로 받아들여도 무방하다. 해밀턴은 이렇게 설명했다: "주식시장 바로미터는 매일 혹은 매순간 어떤 신호를 주는 게 아니다; 찰스 H. 다우의 이론에 따르면 바로미터가 던져주는 신호는 그것이 다른 신호에 의해 뒤집혀지거나, 어떤 식으로든 더욱 강력해지지 않는 한 계속 그대로 유지된다." (1929년 9월 23일)

대세상승 흐름에서 강력한 2차적인 조정이 출현한 다음 랠리가 어느 정도 진행됐지만 신고가를 경신하는 데는 실패했고, 곧 이어 나타난 추가적인 급락세로 인해 직전 조정장에서 만들어졌던 저가의 아래로 떨어졌다면 기본적인 추세가 강세장에서 약세장으로 전환됐다고 생각해도 틀리지 않을 것이다. 이와는 반대로 대세하락 흐름에서 두 가지 평균주가가 모두 신저가를 기록하는 하락세가 나타난 뒤 중요한 2차적인 반등이 출현했고, 곧 이어 하락세가 재연됐지만 앞선 저점을 경신하는 데 실패했다면 기본적인 추세가 약세장에서 강세장으로 바뀌었다고 말할 수 있을 것이다. 물론 다음 랠리에서도 두 가지 평균주가가 모두 지난번 기록했던 고점을 돌파해야만 한다. 내가 지난 35년간 평균주가의 차트를 살펴본 결과 이 원칙에는 거의 예외가 없었다.

많은 투자자들이 이 원칙을 아주 작은 반등이나 조정에도 적용하려고 한다. 하지만 이는 통상 2차적인 주가 흐름이 3주에서 12주 정도 진행되며, 기본적인 주가 흐름에서 직전 반등이나 조정을 거친 뒤 하락했거나 상승한 변동폭의 3분의 1 내지는 3분의 2를 되돌린다는 사실을 잊고서 하는 행동이다. 작은 반등이나 조정이 어떤 의미를 갖는지 확실히 이해하기 위해서는 평균주가가 고안된 이후의 전기간에 걸친 일간 주가 흐름을 차트로 만들어 살펴보는 게 최선이다.

해밀턴의 말을 다시 옮겨보자: "다우는 어느 한 가지 평균주가의 움직임을 다른 한 가지 평균주가의 움직임이 확인해주지 않으면 그것을 무시해버렸다. 그가 세상을 떠난 뒤 경험을 통해 알게 된 사실은 이렇게 평균주가를 읽는 방식이 매우 현명하다는 것이다. 그의 이론에 따르면 2차적인 조정이 진행될 때는 두 가지 평균주가의 저점이 앞선 조정장에서 기록했던 저점보다 더 낮아질 경우 대세하락 흐름으로 전환된다는 것으로, 이는 매우 중요한 의미를 갖는다." (1928년 6월 25일)

주식시장의 랠리와 조정이 얼마나 중요한 의미를 담고 있는지 명확하게 설명하기란 무척 어렵다. 또한 평균주가를 활용해 주가를 예측할 때면 현재 벌어지고 있는 주가의 상승과 하락을 제대로 이해하기란 늘 앞서 비슷한 움직임을 보였을 때보다 어렵다. 그런 점에서 비록 다른 표현을 쓰기는 했지만 같은 말을 다시 한번 인용해보겠다: "하루하루 주가가 상승과 하락을 반복하며 진행될 때 두 가지 평균주가가 서로의 움직임을 확인해주고, 랠리가 나타나면 즉각 전고점을 상향 돌파하는 반면, 조정이 나타나도 전저점을 하향 돌파하는 데 실패한다면 시장이 곧 강세로 반전할 것임을 의미하지만 그렇다고 해서 반드시 대세상승 흐름이 출현할 것이라고 해석할 수는 없다."

두 가지 평균주가가 상승과 하락을 반복하면서 대세상승 흐름에서 기록했던 전고점을 상향 돌파한다면 대세상승 흐름이 앞으로 상당한 기간 동안 지속될 것이라고 생각해도 괜찮을 것이다. 반대로 상승과 하락이 연속해서 나타나면서 랠리가 이어질 때는 직전 고점을 경신하는 데 실패하고, 뒤이은 하락세에서는 직전 저점을 뚫고 내려간다면 시장이 곧 약세로 전환될 것임을 의미하지만 그렇다고 해서 반드시 대세하락 흐름이 출현할 것이라고 해석할 수는 없다. 또한 일련의 상승과 하락이 이어지면서 대세하락 흐름에서 기록했던 전저점을 하향 돌파한다면 주가가 훨씬 더 밑으로 떨어질 가능성이 있다고 말할 수 있을 것이다. 대세상승 흐름에서 나타난 하락세가 앞선 2차적인 조정 기간 중 기록했던 저점을 경신한다면 기본적인 추세가 강세장에서 약세장으로 전환됐다고 생각해도 무리가 없을 것이다; 물론 이와 반대되는 현상이 벌어지면 대세하락 흐름이 강세장의 시작 단계로 들어섰다고 판단할 수 있을 것이다.

  때로는 예외도 있을 수 있다. 사실은 그래야 더 진실하다고 할 수 있을 것이다. 그렇지 않다면 이 방법을 써서 주식시장에서 늘 확실하게 이길 수 있을 것이기 때문이다. 물론 이런 방법이 존재한다면 어떤 시장도 살아 남지 못할 것이다.

14

박스권의 중요성

"박스권"이란 두 가지 평균주가가 2~3주간에 걸쳐 약 5% 범위 내에서 움직이는 주가 흐름을 말한다. 이 같은 주가 흐름은 현재 시장에서 대규모 매물이 출회되고 있거나, 혹은 대규모로 물량 확보가 이뤄지고 있다는 것을 의미한다. 박스권 상단의 저항선을 돌파해 상승한다면 그동안 물량 확보가 이뤄졌으며 앞으로 주가가 더 오를 것이라고 예상할 수 있다; 반면 박스권 하단의 지지선을 깨고 하락한다면 그동안 물량 출회가 이뤄졌으며 앞으로 주가가 더 떨어질 것이라고 예상할 수 있다. 그러나 두 가지 평균주가가 모두 이 같은 움직임을 확인해주지 않았는데, 섣불리 박스권을 이탈했다고 결론짓는다면 틀릴 가능성이 높다.

다우 이론에서 "박스권"에 관한 부분은 하나의 정리(theorem)라기 보다는 일종의 원리(axiom)라고 보는 게 더 맞을 것 같다. 그러나 박스권은 대부분의 투자자들이 기대하는 것만큼 그렇게 자주 나타나지 않는다. 사실 많은 투자자들이 존재하지도 않는 박스권을 찾아내느라 갖은 애를 쓴다. 더구나 한 가지 평균주가에서 찾아낸 박스권으로 섣불리 결론을 내리는 경우도 있다. 다른 한 가지 평균주가는 이를 확인해주지 않았는데도 말이다. 이런 식으로 투자 결정을 내린다면 매우 위험하다. 그런가 하면 박스권이 만들어지는 것을 보고는 평균주가가 어느 방향으로 박스권을 뚫고 나갈 것인지 미리 예상하려고 애쓰는 투자자들도 있다. 이들은 자신의 예상에 따라 투자 포지션을 취한 뒤 나중에 주가가 반대로 움직이면 그저 운명에 맡겨버린다. "사실 '박스권' 이 만들어지는 과정에 있을 때가 투자자로서는 매도할 것인지, 아니면 매수할 것인지를 결정하기가 가장 어려운 시점이다. 대규모 매물이 출회되고 있을 수도 있고, 대규모로 물량을 확보하고 있을 수도 있다. 이 엄청난 압력이 최종적으로 어디로 분출될지는 누구도 속단할 수 없다."(1922년 5월 22일)

박스권이 얼마나 지속될 것인지, 또 그 변동폭이 어느 정도일지를 수학적으로 정확히 계산할 수 있다고 주장하는 사람들도 있지만 절대로 성공할 수 없다. 박스권에서의 주가 변동폭은 현재 시장에 퍼져있는 투자 분위기에 근거해 결정해야 한다. 또한 앞서 주가의 변동이 심했는지, 혹은 그렇지 않았는지도 박스권에서의 주가 변동폭을 결정할 때 중요한 고려 대상이다. 다우 이론을 활용해 성공적인 투자 성과를 이끌어내기 위해서는 기술적 요소뿐만 아니라 과학적 요소도 반드시 고려해야 하는 이유가 바로 여기에 있다. 다우 이론을 수학적으로 정확히 계산하려고 하는 사람은 마치 외과의사가 맹장 수술을 하면서 환자의 나이와 성별, 신장, 허리둘레 따위는 전혀 고려하지 않고 무조건 환자의 발등으로부터 위로 38인치 떨어진 지점에서 2인치 깊이로 배를 가르려는 것이나 마찬가지다.

해밀턴은 적어도 시장의 2차적인 주가 흐름이 방향을 바꾸거나, 때로는 기본적인 추세가 반전될 때 그 신호로 지지선이나 저항선의 돌파를 확인하는 것이 반드시 필요할 수 있다고 말했다.

해밀턴이 박스권을 설명한 글들을 지금부터 인용하겠지만 일부는 다소 정확하지 않을 수도 있다. 이 내용들은 두 가지 평균주가가 모두 100에도 못미쳤던 아주 오래 전에 쓰여진 것이라는 점을 감안했으면 한다. 이 장의 뒷부분에는 평균주가가 이전보다 훨씬 높은 수준으로 올라간 뒤에 박스권을 다룬 해밀턴의 글들을 소개할 것이다.

해밀턴이 초기에 박스권을 주제로 설명한 글은 이런 식이었다:

"평균주가의 수치를 면밀히 살펴보면 수 주간의 주가 변동이 아주 적은 범위 내에서 이뤄지고 있는 기간을 발견할 것이다; 예를 들면 산업 평균주가가 70선 아래로 떨어지지도 않고, 74선 위로도 올라가지 못하며, 철도 평균주가도 73선과 77선 사이에서 움직이는 것이다. 기술적으로는 이런 것을 '박스권을 만들고 있다'고 말한다. 경험에 의하면 이 기간 동안 대규모 물량 출회나 대규모 물량 확보가 이뤄진다. 두 가지 평균주가가 박스선의 상단인 저항선을 뚫고 올라간다면 아주 강력한 상승세가 출현할 것이라는 신호다. 어쩌면 대세하락 흐름에서 2차적인 랠리가 나타난 것일 수도 있다; 1921년의 경우 이렇게 시작된 대세상승 흐름이 1922년까지 계속 이어졌다.

그러나 만약 두 가지 평균주가가 박스권의 하단인 지지선을 뚫고 내려간다면 주식시장이 이제 기상학자들이 말하는 소위 '포화점'에 도달했다는 게 분명하다. 대세상승 흐름에서의 2차적인 조정이 나타나거나, 아니면 1919년에 그랬던 것처럼 대세하락 흐름이 시작될 것이라고 예상할 수 있다."(《주식시장 바로미터》)

이 글이 쓰여지기 몇 해 전에는 다음과 같이 박스권을 설명하기도 했다: "주가 흐름에 관한 찰스 H. 다우의 이론을 검증하며 주식시장에서 오랫동안 경험을 쌓게 되면 평균주가의 '박스권'이 얼마나 중요한지 배울 것이다. 박스권이 정말로 귀중한 결론을 도출해주려면 엄격한 전제조건이 필요하다. 산업 평균주가와 철도 평균주가는 반드시 서로를 확인해주어야 한다. 박스권을 형성한 기간은 거래량이 웬만큼 쌓일 수 있을 정도는 되어야 한다. 박스권에서의 주가 변동폭은 매우 좁아서 기껏해야 4포인트(이날 산업 평균주가는 92.84였으므로 4포인트는 약 4.4%정도 된다–옮긴이) 범위 이내여야 한다. 이런 전제조건이 충족될 경우 아주 중요한 결론을 도출할 수 있다."(1922년 5월 8일)

또 다른 설명도 들어보자: "우리는 여러 사례들을 통해 다음과 같은 사실을 확인할 수 있다. 소위 '박스권'이라고 불리는 좁은 주가 범위 내에서 일정 기간 거래가 이뤄질 경우 이런 기간이 길어질수록 그 중요성은 커지며, 이는 오로지 물량 축적이나 매물 출회가 진행되고 있다고 해석할 수밖에 없다. 또한 그 후의 주가 흐름을 보면 시장에 나오는 주식의 씨가 말라버리거나, 아니면 과잉 공급으로 주식이 넘쳐나는 상황이 될 것이다."(《주식시장 바로미터》)

해밀턴은 1909년 3월 17일 이렇게 썼다: "3월 3일부터 3월 13일까지 평균주가의 변동폭은 불과 0.37%에도 미치지 못했다. 이런 주가 공방 현상은 극히 드물게 나타나며, 대개는 시장 전반의 큰 변화를 앞두고 벌어진다." 당시 평균주가는 해밀턴이 언급한 "박스권"의 상단을 돌파한 뒤 29%나 수직 상승했다.

주가의 움직임이 거의 없을 때도 해밀턴이 다음과 같이 언급한 것처럼 때로는 의미있는 단서를 포착할 수 있다. "평균주가가 극히 미미한 변동을 이어갈 때 이런 상황으로부터 아주 유용한 신호를 이끌어낼 수 있다. 이런 경우 '오로지 때를 기다리며 지켜보는 자'에게 행운이 돌아갈 것이다."(1910년 9월 20일)

주가를 예측하는 데 박스권이 얼마나 유용한 것인지에 관해 해밀턴은 다음과 같이 결론을 내린 적이 있다: "지금까지의 경험을 통해 알 수 있는 사실은 박스권을 형성한 뒤 산업 평균주가와 철도 평균주가가 모두 박스권의 하단을 뚫고 내려간다면, 이제 평균주가가 직전 고점에 도달하지 않는 한 시장의 강세 복귀를 예상할 수 없을 것이다."(1911년 3월 6일)

박스권의 완벽한 예는 1911년 5월 4일부터 7월 31일까지 형성됐는데, 결국 주가는 박스권 하단의 지지선을 뚫고 내려가 강세장의 종말을 고하는 급락세로 이어졌다. 당시 박스권이 만들어지고 있을 무렵 해밀턴은 이렇게 썼다: "지난 6주간의 평균주가가 보여주고 있듯이 일정한 거래량을 유지하면서 형성되고 있는 긴 박스권은 두 가지 가운데 하나임을 알려주고 있다. 새로이 도달한 고가권에서 매물 출회가 성공적으로 이루어지고 있거나, 아니면 주가가 더 높이 올라갈 수 있다고 믿는 강력한 세력의 물량 축적이 진행되고 있거나 둘 중 하나다." (1911년 7월 14일)

해밀턴은 다음 해인 1912년 1월 17일에도 박스권에 관한 글을 썼는데, 이 때 역시 주가가 박스권을 형성하고 있을 무렵이었다. 평균주가는 그 후 몇 달간에 걸쳐 조정 한번 받지않고 수직 상승세가 이어졌다: "이 기간 동안 철도 평균주가가 위로는 118선을 뚫지 못하고 아래로는 115선을 깨지도 않고 있다; 산업 평균주가 역시 이 기간 동안 최고점이 82.48이었고, 최저점은 79.19로 아주 좁은 범위에서 움직이고 있는데, 이는 정말 주목할 만한 일이다. 대규모 매물 출회나 물량 확보가 이뤄지는 소위 '박스권'이 놀라울 정도로 지속되고 있는 것이다. 이 같은 박스권은 내가 지난번 주가 흐름 분석 칼럼을 쓰기 1주일 이전부터 형성되기 시작했다.(해밀턴의 앞선 칼럼은 1911년 12월 6일자에 실렸다-옮긴이) 다우 이론을 공부한 노련한 투자자라면 상당한 기간 동안 이처럼 작은 변동폭 안에서 주가가 움직이는 것은 급등하거나 급락하는 것만큼이나 중요한 의미를 갖는다는 사실을 알고 있을 것이다. 만약 주가를 이렇게 좁은 범위 안에 묶어두는 이유가 이 기간 중 주가를 억누르면서 보유 물량을 축적하기 위한 것이라면, 두 가지 평균주가가 박스권의 상단을 상향 돌파하는 순간 그 결과가 무엇인지 볼 수 있을 것이다. 여기서 사용한 '박스권'이라는 단어는 시장을 분석하기 위한 용어일 뿐이다. 이 말에는 '매우 폭이 좁은 긴 기간'이라는 의미가 담겨있다. 상당한 기간 동안 철도 평균주가와 산업 평균주가가 불과 3% 이내에서 움직이는 것이다."

"박스권"이라는 용어가 때로는 혼란스럽게 와닿을 수 있다. 그러면 해밀턴이 1913년 9월 8일에 쓴 칼럼을 읽어보는 게 좋을 것이다: "근 한 달간 두 가지 평균주가가 모두 2포인트 이내의 좁은 범위 안에서 움직여왔다. 지난 8월 28일에 산업 평균주가는 박스권의 상단을 뚫고 올라갔지만 철도 평균주가는 이를 확인해주지 않았다. 9월 3일에는 철도 평균주가가 박스권의 하단을 깨고 내려갔지만 산업 평균주가는 제 갈 길을 갔다. 평균주가를 읽는 투자자에게 이런 상황은 그저 중립적일 뿐이다. 더구나 지금 두 가지 평균주가는 모두 예전의 박스권에서 움직이고 있다. 두 가지 평균주가가 어느 방향으로든 동시에 움직일 때, 특히 그것이 박스권 하단을 무너뜨리고 떨어질 경우에는 앞서의 경험에 비추어 볼 때 앞으로의 주가 향방을 알려주는 매우 중요한 신호가 될 것이다." (1913년 9월 8일)

해밀턴은 1914년에 박스권에 관한 글을 꽤 많이 썼다. 그는 개인적으로 대세상승 흐름이 진행될 것이라고 생각했지만, 자신이 만든 박스권은 대규모로 매물 출회가 이루어지고 있다는 신호를 보내고 있었다. 몇 해 뒤 그는 이 때 형성된 박스권이 세계대전을 앞두고 독일 투자자들이 보유 중이던 미국 주식을 시장에 쏟아내면서 형성된 것이라고 밝혔다. 해밀턴이 1914년 4월 16일에 쓴 칼럼을 보면 당시 상황을 잘 알

수 있다:

"4월 13일 이전까지 주식 거래일수로 70일 동안이나 산업 평균주가가 위로는 84를 넘지 못하고, 아래로는 81을 깨지 않는 상황이 이어져 왔다. 또 4월 13일 이전의 40일 동안 철도 평균주가는 상단으로는 106과 하단으로는 103을 벗어나지 못했다. 두 가지 평균주가가 3포인트 범위 안에서 움직였던 것이다. 이렇게 움직이던 두 가지 평균주가가 4월 14일에 모두 '박스권'의 하단을 뚫고 내려갔다.

평균주가의 과거 기록을 살펴볼 때 이것은 강한 약세장의 신호로, 지난 1912년 10월 초부터 시작됐던 대세하락 흐름이 다시 나타날 것임을 의미한다."

그러나 한 가지 평균주가만 박스권을 형성한다면 그것은 주가 예측을 하는 데 아무런 쓸모도 없다고 해밀턴은 경고했다: "……평균주가의 흐름을 연구한 경험에 따르면 산업 평균주가와 철도 평균주가가 동시에 이런 박스권을 만들지 않는다면, 그것은 차라리 박스권을 만들지 않을 때보다도 더 속기 쉽다."(1916년 3월 20일)

평균주가 수준이 이제 한참 높아진 1926년이 되자 해밀턴은 박스권의 범위도 좀 더 넓어져야 할 필요가 있다고 인정했다. 그는 이렇게 썼다: "평균주가의 수치가 매우 높아졌고, 특히 산업주들의 절대적인 주가가 꽤 상승했으므로 '박스권'의 범위도 넓힐 수 있다는 점을 여기서 밝혀두어야겠다."(1926년 10월 18일)

그가 1929년 봄부터 시장의 움직임을 박스권으로 인식했다는 점은 1929년 7월 1일에 쓴 주가 흐름에 관한 칼럼에 잘 드러나 있다: "특히 산업 평균주가의 급등락과 변동폭이 커지는 상황은 매출 출회가 이루어지고 있는 현재까지도 이어지고 있다. 이런 주가 움직임은 '박스권'을 만들면서 박스권 하단의 지지선을 형성할 때와 전혀 다르지 않다. 이런 박스권은 대규모 매물 출회 또는 물량 확보, 둘 중 하나를 의미한다. 어느 방향으로든 주가가 이 박스권 바깥으로 뚫고 나가게 되면 역사적으로 시장은 중대한 변화를 경험했다. 예전보다 진폭이 훨씬 더 넓어진 박스권의 상단 부근에서 매물이 소화되기를 바랄 뿐이다. 두 가지 평균주가가 모두 이 박스권을 상향 돌파한다면 엄청난 주식 물량이 출회됐지만, 시장에 나온 주식을 전부 사들일 만큼 대규모 자금을 조달할 수 있는 투자자들이 이를 모두 흡수했다는 것을 의미한다." (1929년 7월 1일)

이 기간 중에 나타난 매일매일의 주가 흐름을 살펴보면 다우 이론을 공부하는 데 꽤 도움이 될 것이다. 대강세장이 막 정점을 지나친 뒤였지만 당시는 거의 어떤 투자자도 주가 대폭락이 전세계를 충격의 도가니로 몰고 갈 것이라고 생각하지 않았던 1929년 9월, 해밀턴은 산업 평균주가와 철도 평균주가가 사상 최고치로부터 10% 범위 안에서 박스권을 형성하고 있다는 점을 찾아냈다. 그는 1929년 9월 23일 〈배런스〉에 이렇게 썼다: "산업 평균주가가 300선을 넘어선 뒤 변동폭이 갈수록 더 커지고 있지만 다우가 설명한 원칙들은 예전처럼 확고하다. 그의 생전이라면 평균주가가 1주일에 3포인트 정도 범위 내에서 움직여야 소위 '박스권'이 형성됐다고 말할 수 있었을 것이다.……그러나 지금은 산업 평균주가의 수준이 매우 높아졌으므로 매물 출회나 물량 확보가 이루어지는 범위를 더 넓혀도 문제가 없을 것이다."

　필자의 의견으로는 박스권의 진폭과 거래량의 관계를 깊이 연구해 보면 아주 흥미롭고 유용한 사실을 발견할 수 있을 것이라고 생각한다. 이들의 상관관계는 연구 대상 종목이 많을수록 더 의미가 있을 것이다. 시장의 힘이란 전체 주식 거래량이라고 해도 과언이 아니다. 시장의 힘이 더 커질수록 그 결과로 나타나는 추진력과 반작용도 강력해질 것이다. 대세상승장의 정점 부근에서는 박스권의 진폭이 더 넓어지면서 거래량도 늘어난다. 이와는 반대로 대세하락장의 바닥 부근에서는 박스권이 더 좁아지면서 거래도 지지부진한 기간이 이어진다.

15

주가와 거래량의 관계

주식시장이 과매수 상태일 경우 상승할 때는 거래가 부진하다가 하락할 때는 거래가 활발히 이뤄진다; 이와는 반대로 시장이 과매도 상태일 경우 하락할 때는 거래가 부진하다가 반등할 때는 거래가 활발히 이뤄진다. 대세상승 흐름은 늘 폭발적일 정도의 과도한 거래량과 함께 막을 내리고, 비교적 아주 적은 거래량과 함께 시작된다.

주식시장의 거래량과 주가 흐름 간의 관계에 대해 해밀턴은 모순되는 내용의 글을 여러 차례 남겼다. 그는 독자들에게 평균주가의 움직임을 제외한 모든 것은 무시하라고 수없이 강조했고, 평균주가의 움직임에는 시장의 거래량을 포함한 모든 요인들이 전부 반영돼 있다고 지적했다. 그럼에도 불구하고 그는 주가를 분석할 때면 언제나 거래량을 활용했던 것으로 보인다. 특히 거래량의 변동에 근거해 그가 내린 결론들은 상당히 예리하면서도 정확했다.

혹시 독자들이 혼란스러워 할지도 모르겠지만 해밀턴이 쓴 글들을 인용하는 게 최선일 것 같다. 그는 거래량을 활용하는 게 무의미하다고 주장하기도 했다가, 또 어떤 결론을 내리기 전에 거래량을 기준으로 해서 자신이 든 예를 정리하기도 했다.

다음에 소개하는 내용들은 시장을 분석하면서 어떤 결론을 내릴 때 거래량을 생각할 필요가 없다는 것이다:

"……평균주가는 그 자체의 속성 상 모든 것을 반영하고 있다. 거래가 부진하고, 거래량이 적은 것은 단지 시장의 증상일 뿐이다. 평균주가는 이를 이미 반영하고 있다. 거래량이 평균주가에 반영되는 것처럼 전혀 예상하지 못했던 뉴스나 배당금의 변동, 그 밖의 모든 것들도 평균주가의 흐름에 전부 반영된다. 다우 이론을 연구하는 데 거래량의 변화를 무시하는 이유가 바로 여기에 있다. 지난 4반세기 동안 〈다우, 존스 앤드 컴퍼니〉가 기록한 평균주가의 흐름을 보면 거래량의 변화는 평균주가의 흐름과 연관성이 거의 없다." (1913년 6월 4일)

"평균주가의 최근 움직임은 분명히 오르려고 애쓰는 것처럼 보였다. 물론 거래량이 적어 상승세가 그리 대단하지 않을 것이라고 주장하는 사람들이 있을지도 모르겠다. 하지만 시장의 분위기는 강한 상승세임이 틀림없다. 거래량 문제에 관한 한 다우 이론에서는 차라리 무시하는 게 낫다. 물론 이론의 여지는 있겠지만 상당히 장기간에 걸친 주가 흐름을 비교할 때는 거래량을 비롯한 다른 모든 요인들을 제외시

킬 수 있다."(1911년 4월 5일)

해밀턴은 또 1911년 1월 5일 이렇게 썼다: "다우 이론을 연구하면서 거래량과 거래의 특성은 무시하는 게 오히려 낫다고 생각한다. 평균주가 그 자체는 철저하게 객관적이며, 거래량뿐만 아니라 일련의 외부적인 사건들, 해외 교역조건의 변화, 자금시장의 동향, 심지어는 개인 투자자들의 분위기나 투자 수요의 특징적 변화까지도 모두 반영하고 있다고 믿기 때문이다." 1910년 10월 18일에 쓴 글을 보자: "상승세를 뒷받침해주는 강력한 근거 중의 하나는 주가가 올라가면서 동시에 주식 거래량이 며칠 연속해서 늘어나는 것이다. 이런 주가 상승세는 하루나 이틀 정도 거래량이 폭발적으로 증가하면서 대단원의 막을 내리는 경향이 있다. 하지만 평균주가를 분석하는 데 가장 핵심적으로 고려해야 할 사항은 평균주가는 거래량의 증가를 비롯해 다른 모든 요소들을 이미 반영하고 있다는 점이다." 다음에 소개할 글들을 보면 지금까지의 내용과 다소 모순된다는 점에서 흥미로울 것이다. 해밀턴은 여기서 평균주가가 거래량의 중요한 변화까지 다 반영한다고 주장하면서도 거래량을 상당히 민감한 요소로 받아들이고 있다.

필자가 추측하기에 해밀턴이 이처럼 중요한 문제에 대해 엇갈리는 입장을 밝힌 이유는 주가와 거래량 간의 관계를 연구하면서 확실한 기준을 갖고 있지 않았기 때문이라고 생각한다. 해밀턴이 1910년에 쓴 다음의 글을 읽어보면 내가 왜 이렇게 생각하는지 어느 정도 이해가 될 것이다: "평균주가의 움직임과 함께 거래량의 변화를 동시에 분석하는 게 좋다는 주장이 있는 것은 사실이다. 하지만 이런 방식을 실제 투자에 적용했을 때 문제가 있다는 주장도 있다. 어느 주장이 맞는지 비교하기 위해서는 지난 4반세기 동안의 일간 거래량을 살펴보는 게 필요할 것이다. 그래야 평균주가 그 자체가 거래량을 비롯한 다른 모든 요인들을 충분히 반영하는지 알 수 있을 것이기 때문이다." 이 문제와 관련해 재미있는 사실은 해밀턴이 《주식시장 바로미터》를 쓰면서 월간 평균주가 차트 상에 월별 평균 일간 거래량을 표시해놓았다는 점이다. 해밀턴이 정말로 다우 이론에서는 거래량을 무시해야 한다고 생각했다면 왜 자신이 그린 차트에 거래량을 표시해놓았을까? (필자가 일간 거래량 수치를 구하려고 애썼던 경험을 떠올리면 해밀턴이 왜 평균주가의 흐름을 분석하면서 거래량이라는 요소의 중요성을 간과했는지 어느 정도는 이해할 수 있다. 나는 평균주가 차트를 연구하고, 또 이를 출판하기 위해 35년간의 주식 거래량 수치를 수집해야 했다. 이를 위해서 신문사와 뉴욕증권거래소, 온갖 통계기관들을 수소문하며 자료를 모았다. 그런데 아무도 일간 거래량 수치를 갖고 있지 않았다. 결국 〈월스트리트저널〉 35년 치를 날짜별로 다 뒤져야만 했다. 그렇게 해서 겨우 일간 거래량 수치를 구할 수 있었다. 그런데 이 신문에도 다른 거래량 수치는 전부 있었지만 일간 거래량 합계는 나와있지 않았다. 월간 거래량 합계와 일간 평균 거래량은 있었지만 일간 거래량 합계는 없었다. 내가 평균주가 차트를 책으로 만들어 출간하면서 단 일주일도 월 스트리트에 있는 웬만한 기관이나 통계원들에게 일간 거래량을 구할 수 없는지 물어보지 않고 그냥 지나간 적이 없었다.)

이 책을 쓰겠다고 했을 때 나는 다우 이론에 관한 해밀턴의 해석에 절대로 이의를 달지 않겠다고 다짐했다. 그러나 거래량은 주식시장을 예측하는 기술을 몸에 배게 하는 데 아주 유용한 수단이다. 그런 점에서 다우 이론을 공부하는 투자자라면 평균주가와 거래량 간의 관계를 반드시 공부해야 한다. 해밀턴은 자신의 결론을 도출하면서 평균주가와 거래량 간의 관계를 언급한 적이 여러 차례 있는데, 그것이 즉흥적이었다 하더라도 매우 성공적인 활용이었다는 점에서 내가 이런 조언을 하는 게 의미가 있을 것이다.

대세상승 흐름이 거의 끝나가던 무렵 해밀턴이 거래량의 증가에 주목한 적이 있다. 그는 이처럼 과도한 거래량에도 불구하고 주가가 올라가지 않는 점을 이야기했다. 해밀턴은 자신이 좋아하는 비유를 들어가며 어떻게 해서 이런 상황이 연출될 수 있는지 설명했다: "하루에 100톤의 석탄을 투입하면 가장 경제적으로 운항할 수 있는 증기선이 있다고 하자. 억지로 120톤을 투입하면 12노트의 속력을 낼 수 있고, 130톤을 투입하면 13노트까지 올라갈 수도 있을 것이다. 그렇다고 해서 200톤을 투입하면 15노트의 속도도 채 내지 못하고 과열될 것이다.……시장의 엔진이 '경제적인 적정 용량'을 넘어서게 되면 엔지니어들 가운데 누군가는 이제 약간의 속력을 더 내기 위해서는 지금까지보다 훨씬 더 많은 연료를 투입해야 한다는 사실을 알게 되는 게 당연한 이치다."(1909년 1월 21일)

수십 년에 걸친 장기간의 일간 평균주가와 거래량의 흐름을 나타낸 차트를 자세히 살펴보면 대세상승장에서 신고가가 만들어지거나 대세하락장에서 신저가를 기록할 때는 언제나 거래량이 증가한다는 사실을 알 수 있을 것이다. 거래량 증가는 대개 최후의 정점에 근접해 일시적으로 주가 흐름이 반전되는 것처럼 보일 때까지 계속 이어진다. 해밀턴도 이런 현상을 알고 있었고, 1908년 7월 21일자 칼럼에서 이렇게 표현했다: "이번에 전고점을 돌파한 것은 주식시장의 강세 흐름에 매우 중요한 의미를 갖는다. 이와 함께 주식시장의 거래량이 지난 5월 18일에 기록했던 수준보다 훨씬 늘어났다는 점도 주목해야 한다."

해밀턴이 평균주가의 흐름을 해석하는 데 거래량을 하나의 요소로 참고했다는 점은 의문의 여지가 없다. 그의 칼럼에서 인용한 다음 내용은 이를 입증해준다:

"관세법의 개정이나 산업생산 통계수치 같은 외부적인 요인들은 무시하더라도 시장을 공부하는 투자자들에게 긍정적인 신호 한 가지가 있다면, 주가가 상승하는 기간 중에 거래량이 꾸준히 증가해왔다는 점이다. 이것은 대개 좋은 신호로, 이제 주식시장에 매물이 그리 많지 않다는 것을 의미한다. 시장이 과매수 상태에 빠졌을 때는 소폭의 랠리라도 나오면 거래량이 줄어들었다가 하락세가 나타나면 거래량이 늘어나는 일이 벌어진다."(1909년 3월 30일) 그가 쓴 이 칼럼은 아주 정확히 강세장을 예측한 것이었다.

1909년 봄부터 3개월간 상승세가 이어진 뒤 2차적인 조정이 진행되고 있을 무렵인 5월 21일, 해밀턴은 이렇게 썼다. "시장이 침체 국면으로 빠져들면 거래량은 줄어들고 지지부진해진다." 그가 언급한 것처럼 이 때의 주가 하락은 결국 2%에도 미치지 않은 채 끝났고, 거래량은 상승세가 다시 지속될 것이라는 신호를 보냈다. 시장은 실제로 그렇게 됐다.

 이즈음 약간의 주가 조정만 나타나도 약세장이 다시 시작되는 게 아닌가 하는 의구심이 증폭됐고, 많은 사람들이 몇 달간 이어졌던 강세장이 끝나갈 시점이 다가왔다고 생각하고 있을 때 주가가 상당히 큰 폭으로 하락하는 일이 벌어졌다. 그런데 주가가 후퇴하면서 거래량도 이전보다 50%나 줄어들었다. 해밀턴은 독자들에게 주식을 매도해서는 안된다고 경고했다. 주가가 떨어지면서 거래량이 급감했기 때문이다. 그는 이렇게 단언했다: "거래량이 줄어들었다는 데서 우리는 여러 가지 의미를 얻을 수 있다. 월 스트리트에서 가장 자주 쓰이는 상투적인 말 가운데 거래량이 적을 때는 절대 공매도를 해서는 안된다는 말이 있다. 어쩌면 이 말이 틀릴 때보다 맞을 때가 더 많을지 모른다. 그러나 긴 약세장의 흐름에서는 절대로 옳지 않다. 대세하락 흐름에서는 랠리가 나타날 때 거래량이 줄어들고, 하락세가 이어질 때는 거래가 다시 활발해진다." (1909년 5월 21일, 해밀턴은 30여 년간 주가를 분석하고 예측하는 칼럼을 쓰면서 독자들에게 주식시장과 관련된 "예상정보"를 자주 제공했다. 그가 이렇게 한 것은 아마도 자신이 갖고 있는 기술이 어떤 것인지를 정확하게 보여주고, 독자들에게도 그것이 이익이 되기를 바랐기 때문일 것이다. 하지만 그는 자신의 사회적 지위를 감안해 스스로에게는 매우 엄격했다. 그는 자신이 몸담고 있는 신문사가 단 한 번도 소위 "정보제공지"와 경쟁하는 수준까지 떨어져본 적이 없다고 무척 강조했다.)

 강세장에서 새로운 신고가가 작성됐을 때 그는 이번 주가 흐름이 보기 드문 상승세를 연출할 것이라고 생각했다; "주가 흐름을 보면 새로운 신고가가 월요일과 화요일 연속해서 만들어졌다. 거래량 역시 이 같은 주가 흐름이 중요한 것임을 알려주기에 충분할 정도로 아주 많았다."(1909년 4월 22일)

1910년 9월에 그는 대세하락 흐름에서의 2차적인 반등이 고점을 찍고 시장은 다시 약세장을 이어갈 것이라고 밝혔다. 당시 많은 사람들은 해밀턴이 2차적인 반등이라고 지목한 주가 흐름을 대세상승의 시작이라고 받아들이는 분위기였다. 그 때도 평균주가에서는 약세장의 징후가 전혀 나타나지 않았다. 그러나 해밀턴은 거래량이 줄어든다는 점에 주목했고, 다음과 같이 썼다: "현재 평균주가는 대세하락의 흐름 속에서 랠리가 나타나 8월 17일까지 급반등하는 데 성공했다. 그러나 2차적인 반등의 강도는 소진됐고, 랠리를 보인 주가 흐름도 마침표를 찍었다. 주가 흐름과 거래량을 볼 때 모두 그렇다. 의심할 나위도 없이 이제 시장은 다시 침체의 늪으로 빠져들었다."(1910년 9월 20일)

이에 앞서 그는 대세하락 흐름에서 급반등이 나타나면서 거래량도 갑자기 늘어났지만 프로 투자자들은 왜 이런 현상을 의혹어린 눈빛으로 바라보는지 이렇게 설명했다: "주가가 회복되기 전에 충분한 시간이 흐른 다음 저점 수준에서 거래량이 줄어들며 시장이 활기를 잃어버렸다면, 프로 투자자들은 현재 벌어지고 있는 랠리에 더욱 중요한 의미를 부여했을 것이다."(1910년 7월 29일)

다음 칼럼에서는 그가 전해주는 훌륭한 투자 조언을 읽을 수 있다: "주가가 상승세를 타면서 대규모 매물 출회가 나왔던 것 같다. 하지만 주식시장의 기술적 분석이 보여주듯이 이 매물은 모두 원만하게 소화됐다. 작은 조정이라도 나타나면 시장의 거래량은 크게 줄어들고, 상승세가 다시 이어지면 거래가 활발하게 이루어지고 있다. 프로 투자자들은 누구나 알고 있듯이 이것은 시장의 중심추가 여전히 강세쪽이라는 사실을 알려주는 강력한 신호다."(1911년 2월 6일)

증권거래소에서 직접 매매 주문을 처리하는 플로어 트레이더들이 거래량을 매우 중요한 지표로 여긴다는 점은 그가 쓴 다음 글에 잘 나타나있다: "지난 며칠간 아주 적극적인 트레이더들은 주가가 떨어질 때 거래가 늘어나고 반등할 때는 거래가 부진했다는 사실을 발견했다. 곧 이어 시장은 매도 분위기가 압도했다."(1911년 5월 4일)

해밀턴은 주가 흐름을 분석할 때 거래량을 고려하는 것이 매우 중요하다는 점을 다음과 같이 분명하게 밝히기도 했다: "주가의 흐름을 연구한 결과 관성의 힘은 주가뿐만 아니라 거래량에도 영향을 미친다. 관성의 힘은 앞으로 주가와 거래량의 기본 흐름이 변할 것인가를 알려주는 결정적인 지표를 제공하는 경우가 많다."(1911년 7월 14일)

주식시장에서 급락세가 나타나기 이틀 전, 해밀턴은 다음과 같은 내용의 칼럼을 실었다: "최근 시장에서는 주가가 회복되는 국면에서는 거래가 극히 부진해지는 경향이 있다. 시장은 떨어질 때만 활기차게 움직인다. 프로 투자자들에게 이것은 약세장이 지속될 것이라는 점을 알려주는 아주 확실한 신호다."(1911년 9월 9일)

1921년의 약세장에서 바닥은 6월과 8월에 만들어졌는데, 당시 해밀턴은 평균주가의 최저점으로부터 4포인트도 채 안되는 오차로 정확히 시장의 반전을 예측했다. 그 해 12월 30일 그는 하락 국면에서 거래가 부진하다는 사실에 주목하고, 추가로 공매도하는 것을 경고하는 글을 썼다: "월 스트리트의 오랜 격언 가운데 '거래가 줄어들 때는 절대 팔지 말라'는 말이 있다. 약세장에서 랠리가 나타나면 급등세가 연출된다. 그러나 노련한 트레이더들은 주가가 약간 상승한 뒤 거래량이 다시 줄어들면 매도 공세를 펼친다. 강세장에서는 이와 정반대되는 일이 벌어진다. 주가가 조정을 거친 뒤 거래량이 다시 줄어들면 노련한 트레이더들은 적극적으로 주식을 매수하는 것이다."

평균주가와 거래량의 일간 변동을 차트로 나타내 비교해보면 강세장일 때의 거래량이 약세장일 때의 거래량보다 많다는 사실을 알 수 있다. 또 강세장에서 2차적인 조정이 나타날 경우 주가가 하락한 뒤 거래량이 줄어들면 적어도 일시적으로는 시장이 과매도 상태로 빠져들었다고 생각해도 무리가 없을 것이다. 이런 경우 십중팔구는 랠리가 곧장 재연된다. 이와는 반대로 약세장에서 2차적인 반등이 나타나면서 주가가 상승했으나 거래량은 줄어들었다면 시장이 과매수 상태에 진입했다고 생각할 수 있다. 이런 경우 추가적인 하락 추세가 재연될 것이며, 이어지는 하락 국면에서는 거래량이 눈에 띄게 증가할 것이다.

해밀턴은 거래량이 폭발적으로 늘어나며 천정이나 바닥을 알려주는 상황에 대해서는 전혀 언급하지 않았다. 그러나 주가 차트를 공부한 투자자라면 2차적인 조정이나 반등 국면이 끝날 때면 거래량이 급증하며 추세의 반전을 알려주는 경우가 자주 있다는 사실을 알고 있을 것이다.

  지금까지의 설명은 거래량의 중요성을 강조한 것이었지만, 필자의 의도는 거래량의 변동이 산업 평균주가나 철도 평균주가의 움직임만큼 중요하다는 생각을 전하려는 게 절대 아니다. 언제나 평균주가의 움직임을 가장 우선해서 고려해야 한다. 거래량의 중요성은 그 다음이다. 하지만 주가 흐름을 분석하면서 거래량을 간과해서도 절대 안된다.

16

이중 천정과 이중 바닥

"이중 천정"과 "이중 바닥"은 사실 주가 흐름을 예측하는 데 큰 의미가 없으며, 지금까지의 사례를 보면 상당히 속기 쉬운 개념이다.

해밀턴은 "이중 천청"과 "이중 바닥"에 근거해서 도출한 추론은 그리 중요하지 않다고 여러 차례 강조했다. 이중 천정과 이중 바닥이 다우 이론의 결정적인 부분이라고 많은 사람들이 믿게 된 이유가 무엇인지 궁금할 정도다. 그런데도 어쨌든 이런 믿음은 분명히 존재한다.

시장의 흐름이 직전 고점이나 직전 저점에 근접할 때면 "이중 천정"과 "이중 바닥"이 만들어졌는가에 대한 투자 코멘트가 범람하지만 실은 의미 없는 것들이다. 더구나 이런 코멘트들 가운데는 "다우 이론에 따르면 산업 평균주가가 이중 천정을 만들었을 경우……" 식의 문장을 앞에 내세우는 경우도 있다. 다우 이론을 공부한 투자자라면 한 가지 평균주가의 움직임만으로는 적절한 투자 판단을 이끌어낼 수 없다는 사실을 잘 알고 있다. 그런데 두 가지 평균주가가 동시에 이중 천정이나 이중 바닥을 형성하는 경우는 극히 드물다. 더구나 이런 일이 벌어진다 해도 그것은 정말로 우연의 일치일 뿐이다. 지난 35년간 나타났던 기본적인 주가 흐름을 살펴보면 상승세든 하락세든 이중 천정이나 이중 바닥과 함께 끝이 난 경우는 무시할 정도로 적었다는 사실을 발견할 것이다.

다우 이론을 공부한 투자자라면 평균주가가 이전에 기록했던 고점이나 저점에 근접해가는 결정적인 시점에 추세의 반전을 알려주는 단서로 이중 천정이나 이중 바닥을 찾으려고 노력하기보다는 두 가지 평균주가가 이전 고점을 돌파하는 데 실패했다면 주가가 떨어질 것이라는 신호며, 이전 저점을 무너뜨리지 않았다면 주가가 상승할 가능성이 높다는 의미라는 점을 상기하는 게 더 나을 것이다; 만약 한 가지 평균주가만 이전 고점을 돌파하거나 이전 저점을 무너뜨리고, 다른 한 가지 평균주가는 이를 확인해주지 않았다면 잘못된 투자 판단을 내릴 수 있다. 실제로 주가 차트를 잘 살펴보면 이중 천정과 이중 바닥이 한 가지 평균주가의 움직임에서만 나타나는 경우가 자주 있다. 1926년에 해밀턴이 "이중 천정" 이론에 근거해 강세장이 종말을 고했다고 잘못된 결론을 내린 것도 바로 이 때문이었다. 사실 그는 당시 시장의 강세가 다했다는 자신의 믿음을 뒷받침하기 위해 산업 평균주가의 흐름에서만 나타났던 이중 천정을 억지로 끌어온 것이었다.

해밀턴은 원래 약세장이 한참 진행된 뒤 이중 바닥이 여러 차례 나타났을 때조차 이를 시장 "반전"의 중요한 신호로 고려하지 않았다는 점을 주목할 필요가 있다.

앞서 다우존스 평균주가의 9차례에 걸친 약세장의 마지막 국면을 표시했던 그림을 다시 보면 이 가운데 3차례는 한 가지 평균주가만 이중 바닥을 형성했고, 3차례는 두 가지 평균주가가 이중 바닥을 만들었으며, 나머지 3차례는 이중 바닥을 찾을 수 없다.

또 같은 기간 중 나타난 9차례의 강세장 가운데 1899년과 1909년 2차례만 대세상승의 막바지에 이중 천정이 만들어졌을 뿐, 나머지 7차례는 그런 현상을 볼 수 없었다. 그러나 2차적인 조정과 반등은 이중 바닥이나 이중 천정과 함께 끝난 경우를 여러 차례 발견할 수 있다. 가령 1898년 가을 대세상승 흐름에서 나타난 큰 조정이 끝났을 때 두 가지 평균주가 모두 이중 바닥을 만들었고, 곧 이어 강한 상승세가 이어졌다; 이와는 반대로 1899년 봄과 여름에는 두 가지 평균주가가 완벽한 형태의 이중 천정을 형성했지만, 실제로는 전혀 맞지 않았다. 이중 천정을 만든 뒤 시장은 신고가를 경신할 정도로 강하게 상승해 이중 천정을 믿고 공매도한 투자자들은 치명적인 손실을 보았을 것이다. 대세하락 흐름에서의 2차적인 반등이 진행되고 있던 1900년 초에는 산업 평균주가가 이중 천정을 만들었고, 철도 평균주가는 이를 확인해주지 않았지만 그 뒤 2차적인 반등이 끝나버렸다. 대세하락 흐름이 한창 진행 중이던 1902년에는 두 가지 평균주가가 이중 바닥을 만들었고, 이는 강세장으로의 전환을 의미해줄 수 있는 것이었지만, 이중 바닥은 곧 허공으로 날아간 채 더욱 극적인 폭락장세가 벌어졌다.

1906년 사상 최고치를 기록했던 철도 평균주가는 완벽한 이중 천정을 만든 뒤 급전직하했다. 1907년 봄과 여름에는 이중 천정과 이중 바닥이 연이어 나타났다; 당시 주가는 이중 천정을 만든 다음 하락세로 전환됐지만, 몇 주 뒤 이중 바닥을 형성한 다음에는 산업 평균주가가 30%이상 폭락하는 급락세가 이어졌다. 1911년 봄과 여름에는 두 가지 평균주가가 순차적으로 이중 천정을 만들었는데, 그 뒤 산업 평균주가는 급격하게 하락했지만 철도 평균주가는 완만하게 떨어졌다. 세계대전을 앞두고 약세장이 진행되는 와중에 두 가지 평균주가는 이전 최저점으로부터 12%도 채 반등하지 않은 상태에서 이중 천정을 만들었다. 이때 이중 천정만 보고서 서둘러 공매도를 했다면 심각한 손실로 귀결됐을 것이다. 아마도 신중한 투자자였다면 이중 천정이 정말로 매도 신호라는 것을 명확히 확인하기 위해 두 가지 평균주가가 적어도 몇 포인트 더 떨어질 때까지 기다렸을 것이다.

지금까지 언급한 것들 외에도 비슷한 사례들은 얼마든지 있다. 이 문제에 대해 제대로 분석해본 투자자라면 누구나 "이중 천정"과 "이중 바닥" 이론에 근거해 이끌어낸 결론은 투자에 도움이 되기 보다는 손실을 초래하기 쉽다고 단언할 것이다.

사상 초유의 약세장이 이어졌던 1930년 7월과 8월에는 두 가지 평균주가 모두 이중 바닥을 형성했다. 이것은 주가가 이제 강력한 하방 경직성을 갖게 됐다는 것을 의미했고, 많은 시장 전문가들은 앞을 다퉈 약세장이 끝났다는 신호라고 이야기했다. 그러나 불과 몇 주도 채 안돼 대세하락은 다시 이어졌고, 90일 만에 산업 평균주가가 60포인트 가까이 폭락했다. 더욱 최근의 예를 들자면 1931년 말부터 1931년 초까지 "삼중 바닥"이 두 가지 평균주가의 흐름에서 모두 형성됐지만, 시장은 전혀 예측할 수 없는 움직임을 보이며 대세하락 추세를 다시 이어갔다.

간단히 요약하자면, 이중 천정과 이중 바닥이 만들어질 경우 열 번 가운데 아홉 번은 투자 결정에 아무런 도움도 되지 않는다고 말할 수 있다.

17

개별 종목의 특성

거래가 활발히 이뤄지고, 또 주주들의 구성도 다양한 대형 우량주들 대부분은 평균주가와 같은 방향으로 움직인다. 그러나 일부 개별 종목 가운데는 평균주가와는 전혀 다른 요인들에 의해 주가가 결정되는 경우도 있다.

가치 투자를 신봉하는 투자자라면 특정한 기업의 자산가치와 수익성을 줄줄이 꿰고 있을 것이다. 그러나 시장의 흐름을 이해하지 못한다면 결코 성공적인 투자자가 될 수 없다. 내가 이처럼 단언하는 이유는 아주 훌륭한 기업들도 일반적으로 강세장에서는 주가가 상승하지만 약세장에서는 하락하기 때문이다. 이들 기업의 내재가치나 수익성이 어떻든 그것은 상관없다. 물론 개별 종목들은 그 기업이 처해있는 특별한 상황에 따라 다른 종목들보다 더 빠르게 상승하거나 더 완만하게 떨어질 수 있다.

　약세장이 진행중일 때 증권회사 창구에 가보면 고객들은 우량주를 매수해달라고 요구한다. 이들이 말하는 우량주란 배당금과 주가수익비율(PER), 현금성 자산 등이 뛰어난 종목들이다. 그러나 이렇게 우량주를 매수한 뒤에도 매도 공세는 계속돼 주가는 하락세에서 벗어나지 못하고, 결국 이들마저 주식을 던져버리게 된다. 이들은 처음에 자신들이 왜 그 주식을 매수했는지, 그 이유는 잊어버린 채 투자 손실을 전부 "약세장" 탓으로 돌린다. 하지만 약세장은 아무 죄도 없다. 이들은 다른 누구도 아닌 스스로를 탓해야 한다. 이들은 기업의 건전한 가치에 근거해 자신의 판단에 따라 우량주를 골랐고, 이 주식에 투자하기로 결정했기 때문이다. 그 뒤에 주가가 등락한 것은 사실 이들이 고른 우량주의 기업 가치와는 아무런 상관도 없는 것이다. 그러나 이런 투자자들이 투자 포트폴리오를 효율적으로 관리하고자 한다면 대차대조표와 손익계산서뿐만 아니라 시장의 흐름도 반드시 이해해야 한다.

　심지어는 대차대조표와 손익계산서를 이해하지 못할 뿐만 아니라 아예 이해하려고도 하지 않는, 성공과는 정말 거리가 먼 투자자들도 있다. 이들은 시장 흐름이라는 게 뭔지도 모르고, 너무 무지하거나 게을러서 이를 배우려고 하지도 않는다. 이들은 그저 어떤 친구가 이 정도 주가면 "괜찮은 가격"이라고 말했는데, 주가가 이보다 더 떨어졌다는 사실을 알게 되면 갑자기 매수에 나선다. 장기적으로 볼 때 이런 투자자들이 손실을 보는 것은 불가피하다.

　다우존스 평균주가가 하락세에 있는데, 어떤 개별 종목이 계속해서 오르는 경우는 매우 드물다는 기본적인 사실을 떠올릴 필요가 있다; 이와는 반대로 평균주가가 상승세에 있는데, 어떤 주식이 줄곧 내림세를 보이는 경우도 별로 없다. 주식 투자를 이제 시작한 초보자라면 열 개 정도의 종목을 골라 개별 종목의 주가와 평균주가의 매일매일 변동 상황을 비교해보면서 내가 지금 한 말이 무슨 뜻인지 검증해보기 바란다.

18

투기란 무엇인가

우리는 결혼을 하거나, 전쟁터에 나가거나, 혹은 자녀의 대학원 학비를 대줄 때 어느 정도는 위험을 무릅쓰고 운에 맡긴다. 아버지는 아들이 대학원에서 유용한 지식을 쌓고 앞으로 경제력을 높일 수 있을 것이라는 데 투자하는 것이다. 또 가을철에 재고 처분용 오버코트를 싼 값에 대규모로 사들인 상인은 그 해 겨울철에 고객들이 사갈 것이라는 데 투기를 하는 것이다. 누군가 이런 모험을 한다고 해서 그것이 무모하다고 비난하는가? 아니다. 왜냐하면 이런 경우는 모두 위험을 알고서 투자하는 것이기 때문이다. 위험을 파악하고 투기를 하는 현명한 투기자는 그저 심심풀이로 주식에 투자한 뒤 시장이 어떻게 되든 상관 없다고 생각하는 무심한 투자자들과 비교해서는 절대 안된다. 무심한 투자자들은 손실을 보는 게 일반적이다. 반면 현명한 투기자는 비록 큰 성공을 거두지 못한다 하더라도 적어도 자신이 감내할 수 있을 정도로 손실을 줄일 줄 안다.

제시 리버모어는 〈배런스〉에 실린 기사에서 이렇게 말했다. "주식시장의 모든 움직임에는 그에 합당한 이유가 있다. 미래에 벌어질 사건을 예상할 수 없다면 투기에 성공할 수 있는 능력도 그만큼 떨어지는 것이다. 투기는 하나의 사업이다. 어림짐작이나 도박이 아니다. 투기는 매우 힘든 일이며, 많은 노력을 필요로 한다."

투기는 기술인 동시에 과학이다. 가끔 투기의 도덕성이라는 문제가 제기되기도 하지만, 그것이 옳은 것인지 그릇된 것인지는 차치하고 주식 투기는 문명화한 국가의 경제 발전에 절대적으로 필요한 요소다. 주식시장에서 아무도 투기를 하지 않았다면 지금 미국 대륙을 횡단하고 있는 철도가 건설되지도 못했을 것이며, 우리는 지금 전기나 전화, 라디오, 항공기를 이용하지 못하고 있을 것이다. 많은 사람들이 라디오 제조회사나 항공기 제조회사의 주식을 샀다가 손실을 보았던, 떠올리기 싫은 기억을 갖고 있을 것이다. 그러나 비록 주가가 곤두박질쳐 버린 기업의 주식을 매수했다 하더라도 여기에 들어간 자금은 직접적으로든 간접적으로든 국가 경제 발전에 기여했다.

주식 투기란 그 열기가 광풍처럼 몰아칠 때조차도 그 의미가 있다. 왜냐하면 주가가 미친 듯이 치고 올라갈 때는 새로운 모험 사업에 필요한 대규모 자금을 모으기가 쉬워지기 때문이다. 이렇게 모아진 자본 덕분에 지금도 번창하고 있는 많은 기업들이 성장할 수 있었다. 미국의 거대한 서부지역이 발전할 수 있었던 것도 이 같은 투기가 있었기 때문이다. 해밀턴은 투기와 훌륭한 사업이 피를 나눈 형제와 같다고 생각했다. 그의 이런 생각은 다음 글에 잘 나타나있다: "주식시장에서 투기를 하는 행위 자체가 앞으로 경기 전반이 더욱 활기를 띨 것이라는 확신을 심어준다. 이것이야말로 주식시장이 바로미터라는 또 하나의 반증이다. 주식시장 바로미터는 그날그날의 뉴스에 따라 움직이는 것이 아니라 경제계에서 활동하는 모든 전문가들이 기대할 수 있는 모든 것들을 반영해 움직인다. 경기 전반이 곧 더 나아질 것이라고 시장이 예측하면 그것은 긍정적이고 믿을 만한 것이다."(1922년 5월 22일)

투기와 도박의 차이를 명확하게 정의하기는 어렵다. 투기도 도박과 마찬가지로 어느 정도는 위험을 무릅써야만 하기 때문이다. 도박도 어떤 종류는 투기적인 요소를 갖고 있는 것과 한가지다. 《웹스터 사전 Webster's Dictionary》을 보면 투기를 한다는 것은 가격이 오르거나 내릴 때 이익을 얻을 것으로 기대하고 사거나 파는 것이라고 정의해놓고 있다; 또 엄청난 이익을 거두기 위해 위험을 무릅쓰고 사업적인 거래를 하는 것을 투기라고 정의할 수도 있다. 이런 정의는 신용을 얻어 주식을 매매하는 행위에 그대로 적용될 수 있을 것이다. 《웹스터 사전》에서 도박은 금전 같은 판돈을 걸고서 그것을 날릴 수도 있는 게임을 하는 것이라고 정의했다. 이런 정의에 충실한 예를 들어보자. 어떤 투자자가 U.S. 스틸 주식 100주를 매수한 뒤 매수가격보다 2% 높은 가격으로 매도 주문을 내놓고, 매수가격보다 2% 낮은 가격으로 손절매 예약 주문을 해두었다면, 이것은 도박이라고 할 수 있을 것이다. 전문적인 주식 트레이더들에게 물어보면 대부분이 이건 도박이지 투기가 아니라고 대답할 것이다. 주식시장에서 활동하는 브로커들은 경마와 주식 투기의 차이에 대해 이렇게 설명한다. 어느 누가 경마장에 가서 1번 말이 이길 것이라고 생각하고 그 말에 돈을 건다 해도, 1번 말에 돈을 건 행위는 경주의 결과에 아무런 영향도 미치지 못한다. 반면 이 사람이 뉴욕증권거래소에 상장된 U.S. 스틸 주식 100주를 사거나 팔았다고 하면, 그가 투기로 했든 도박으로 했든 관계없이 100주의 주식을 사거나 판 행위는 주가에 영향을 미치게 된다. 어느 세력이 조심스럽게 U.S. 스틸 주식을 사모을 때는 주가가 지지부진할 수 있다. 그러나 이렇게 주식을 사모으는 세력은 도박이 아니라 확실하게 계획된 투기를 하고 있는 것이다. 어느 나라든 대개 도박은 불법화하고 있지만 투기는 인정한다.

주식 투기에 성공할 수 있는 방법을 알려주는 수학적인 공식이나 일련의 원칙 같은 것은 없다. 만약 이런 공식이나 원칙이 존재한다면 누구든 그것을 이용해 주식 거래로 항상 돈을 벌 수 있을 것이다. 이와는 반대로 일정한 정리와 원칙들—아마도 다우 이론이 최선인 듯 싶다—은 주식 투기를 하는 데 말할 수 없을 정도로 큰 도움을 주는 것도 사실이다. 만약 이 책에서 다우 이론이 제시하는 방식대로 시장의 흐름을 읽어내는 개략적인 방법을 제시하지 못했다면 내가 책을 잘못 쓴 것이다. 하지만 다우 이론을 제대로 활용할 수 있느냐의 여부는 그것을 누가 언제 활용하느냐에 달려있다는 점을 반드시 이해해야 한다. 만약 강한 인내심도 없고 공부도 별로 하지 않은 투기자가 다우 이론을 활용한다고 해서 다우 이론이 손실을 막아줄 수 있는 것은 아니다. 다우 이론을 활용해 주식 투자를 할 때는 반드시 스스로 생각해야 하며, 언제든 자신이 내린 결론을 신중한 자세로 따라야 한다. 또 자신의 바람이 판단을 내리는 데 영향을 미치도록 해서는 안된다. 단순히 시장을 어림짐작해 투자하는 것보다는 차라리 자신이 내린 결론으로 투자했다가 실수를 저지르는 편이 더 낫다. 그래야 왜 실수를 하게 됐는지 배울 수 있기 때문이다. 자기 자신에 대한 믿음과 부단한 연구야말로 성공적인 주식 투기의 밑거름이다. 주식시장이란 20명이 실패하면 1명 정도가 성공하는 곳이다.

주식 투기를 다룬 책들을 보면 거의 대부분이 성공하는 데 꼭 필요한 격언들을 기술해놓고 있다. 모두 한번쯤 떠올려볼 만한 내용들이다. 그러나 오직 비상한 능력을 소유한 사람만이 다른 이의 충고를 토대로 수익을 창출할 수 있다. 그런 점에서 내가 여기서 주가가 떨어지는 주식을 추가로 매수하는 "물타기"가 얼마나 위험한 일인지 길게 설명할 필요는 없을 것 같다. 대개는 한꺼번에 엄청난 수익을 올리려는 충동에 사로잡혀 있을 때 이런 일을 저지른다. 이런 사람에게는 경험이라고 하는 혹독한 학교가 그런 식으로 시장과 싸우는 게 얼마나 위험한 것인지 확실하게 가르쳐줄 것이다.

해밀턴은 주가가 떨어질 때 추가로 매수해 평균 매수단가를 낮추는 것보다 주가가 오를 때 보유 물량을 늘려나가는 게 훨씬 낫다고 강조했다. 그의 이런 가르침은 기억해둘 필요가 있다. 어떤 주식 투자자도 주가가 오를 것이라고 믿지 않는다면 절대로 매수하지 않을 것이다.

물론 영원히 묻어두고 기억에서 지워버리겠다면서 주가가 떨어지는 데도 주식을 매수하는 사람도 있을 것이다. 이런 식으로 주식을 매매하는 사람에게는 더 이상 얘기할 필요도 없다.

주식 투자자가 가장 먼저 배워야 할 점은 투자 금액을 언제든 자신이 감당할 수 있는 수준으로 제한해야 한다는 것이다. 만약 불운이 닥치더라도 충분히 그 손실을 감내할 수 있는 수준이어야 한다. 한 젊은 투자자가 산전수전을 다 겪은 베테랑 트레이더에게 이렇게 털어놓았다. 주식에 투자한 것을 생각하면 초조해지고, 밤에 잠을 이룰 수도 없다고 말이다. 이 말을 들은 트레이더는 이렇게 답해주었다. "편히 잠들 수 있을 만큼 자네의 투자 금액을 줄이게나."

월 스트리트의 대다수 의견이 옳은 경우는 매우 드물다고 해밀턴은 자주 이야기했다. 그의 말이 맞다고 가정할 경우, 다우 이론을 충분히 이해하고 있는 트레이더라면 비록 월 스트리트의 분위기가 과도할 정도로 강세 일변도라 하더라도 시장의 흐름이 매도하는 게 현명하다는 신호를 보내면 주저 없이 팔아야 한다. 해밀턴은 월 스트리트가 강세 분위기로 가득 차 있을 때, 너무 많은 사람들이 긍정적인 시각만 갖고 있다고 지적한 적이 여러 차례 있다; 이와는 반대로 일반 투자자들이 완전히 약세 분위기로 돌아섰을 때는 독자들에게 너무 많은 사람들이 한쪽으로 치우쳐 있으며, 다우존스 평균주가의 흐름은 시장이 과매도 상태에 있음을 알려주고 있다고 경고했다. 해밀턴은 마치 훌륭한 의사가 환자의 체온과 맥박, 호흡 상태 등을 기록한 차트를 보고 그 환자의 회복 시기를 예상하듯이, 다우 이론에 대한 정확한 이해를 바탕으로 주식시장을 분석하고 다음에 일어날 움직임을 예측했다.

그러나 제아무리 출중한 투기자라 하더라도 때로는 전혀 예상하지 못했던 사건에 부딪칠 수 있고, 이로 인해 정말로 신중하게 짠 계획이었지만 형편없는 결과를 낳을 수 있다. 어떤 이론이나 예측 시스템으로도 샌프란시스코 대지진을 예상할 수는 없었고, 몇 해 전의 시카고 대화재도 상상할 수 없었다.

통계수치는 물론 중요한 자료이지만 반드시 평균주가가 말해주는 시장의 시각으로 해석해야만 한다. 통계수치를 잣대로 사용해 시장의 움직임을 보겠다고 고집한다면 절대로 미래를 내다볼 수 없을 것이다. 마크 트웨인은 이렇게 말한 적이 있다. "이 세상에는 속임수가 세 가지 있다. 거짓말과 새빨간 거짓말, 그리고 통계수치다."

항상 주식시장에 남아 있으려 한다면 거의 틀림없이 돈을 잃게 될 것이다. 왜냐하면 아주 노련한 트레이더조차 앞으로 무슨 일이 벌어질지 몰라 조심스러워지는 그런 시기가 자주 있기 때문이다. 그런 점에서 시장의 좋은 격언을 하나 소개하겠다. "의심이 들 때면 아무 것도 하지 말라." 한걸음 더 나아가 만약 시장의 추세를 잘못 읽어 결정적인 실수를 저질렀으며, 그래서 심각한 손실을 입었다면 일단 시장에서 완전히 빠져 나와 평정을 유지할 수 있을 때까지 가만히 지켜봐야 한다.

증권거래소에서 매일 주식을 거래하는 플로어 트레이더를 제외하고는 누구도 시장에서 끊임없이 벌어지는 작은 랠리나 하락을 이용해 성공적인 투기를 할 수는 없다. 2차적인 반등이나 조정이 나타나면 이들 플로어 트레이더는 다른 투자자들보다 유리한 입장이 된다. 이런 시기에 이익을 챙길 수 있다는 것이야말로 바로 플로어 트레이더들의 고유한 특권이다. 이들은 그래서 기술적인 조정이나 반등을 환영하고, 월 스트리트의 다른 누구보다 먼저 시장 분위기의 이런 작은 변화를 포착한다. 해밀턴은 이렇게 표현했다. "다른 모든 분야와 마찬가지로 투기에서도 장기적으로 보면 프로페셔널이 아마추어보다 더 자주 이긴다."

뉴욕에서든, 혹은 멀리 서부지역에서든 주식 시세표를 유심히 관찰하는 투기자라면 가끔 증권거래소 현장에서 시장 분위기를 시험해보고 있다는 것을 느낄 때가 있을 것이다. 이럴 때는 몇몇 주도주의 주가를 끌어올린다. 그리고 얼마 되지 않아 이 주식들의 매도 압력이 커지는 경우가 자주 나타난다. 일반 투자자들은 이렇게 시장 분위기를 시험해본 결과를 잘 이해하지 못한다. 그러나 시험을 한 당사자들은 주가를 끌어올렸다가 다시 매도 압력을 높일 때 일반 투자자들이 매수에 가담하는지, 아니면 매도에 가담하는지 알 수 있다. 프로 트레이더는 바로 이 같은 시험을 통해 특정 시점이 천정에 와있는지, 바닥에 와있는지, 혹은 아직 천정이나 바닥에 도달하기까지 여유가 남았는지 판단하는 것이다.

증권회사에 내는 매매수수료와 거래세는 물론, 매수호가와 매도호가 간의 차이로 인해 불가피하게 부담해야 하는 거래비용까지 감안하면 "매일같이" 주식을 사고 팔면서 돈을 벌기란 정말 너무나도 힘들다. 그러나 필요한 자본은 물론 용기와 주의력, 그리고 끊임없는 공부를 통해 시장의 흐름과 기업의 재무구조에 관한 1차적인 정보를 얻을 수 있다면 이런 불리함을 극복할 수 있을 것이다. 실제로 많은 사람들이 그렇게 하고 있다. 투기로 수익을 올리기가 얼마나 어려운가는 투기를 해본 사람이라면 거의가 알고 있을 것이다. 이렇게 어려운 확률을 뚫고 수익을 올릴 수 있는 유일한 방법은 시장의 흐름과 가치를 제대로 이해하고, 해밀턴이 남긴 다음과 같은 충고를 따르는 것이다. "투기자들은 반드시 손실을 재빨리 거둬들이고, 이익은 계속 커가도록 놓아두어야 한다." 그 어떤 요인보다 투자 손실에 결정적인 영향을 미치는 것은 다름아닌 자신이 내린 판단에 자부심을 갖는 것이라고 해밀턴은 말했다.

다우는 1901년에 투기를 주제로 쓴 한 칼럼에서 이렇게 밝혔다: "투자 규모가 크건 작건 주식을 거래하면서 일주일에 50%의 투자 수익률을 올리려고 하지 않고 연간 12%의 수익률을 거두겠다는 생각을 갖는다면 장기적으로 훨씬 더 좋은 성과를 올릴 것이다. 사업을 하는 사람이라면 누구나 이런 사실을 다 알고 있다. 그러나 가게나 공장을 운영하거나 부동산 사업을 하면서 아주 신중하다는 평판을 얻고 있는 사람들조차 주식에 투자하게 되면 전혀 다른 생각을 갖게 된다. 그 어떤 것도 진실을 넘어서지는 못한다."

소매업이나 제조업, 호텔 사업으로 성공을 거둔 많은 사람들이 제대로 알지도 못하는 사업 분야인 주식 투기에 애써 번 돈을 쏟아 붓는 위험을 무릅쓰는 이유에 대해 나는 아직 누구로부터도 만족스러운 설명을 듣지 못했다. 이들은 주식을 거래한다는 게 아무런 지식이나 연구

없이도 가능하다고 생각하는 것 같다. 자신들이 하고 있는 사업을 확장할 때는 추가로 투자해서 벌어들일 수 있는 수익을 하나하나 따져보지 않으면 절대로 위험을 무릅쓰고 투자하지 않을 사람들인데도 말이다. 어떤 경우에는 투자자문 서비스를 받기도 하지만 솔깃한 정보나 회사 내부 사정에 관한 소문을 들을 때마다 너무 자주 사고 판다. 심지어 이들이 투자자문 기관에서 제공하는 정보에 따라 주식을 거래한다 해도, 실제로 투자자문 기관의 담당자가 얼마나 뛰어난 능력을 갖고 있으며, 과거에 이들이 내놓았던 주가 예측이 얼마나 정확했는지 상세하게 파악할 수는 없다. 투자자문 기관에서 제공하는 정보가 정말로 선전하는 것처럼 그렇게 정확하다면, 이런 정보를 생산해내는 담당자는 차라리 큰돈을 모아 시장에서 직접 투자하는 게 더 나을 것이다.

주식시장에서 "파산하는" 투기자들은 대개 자신이 본래 하는 사업에서 위험을 감수하고 그만한 돈을 투자했다면 당연히 기울였을 주의와 시간을 주식 투기를 하는 데는 기울이지 않은 사람들이다. 이들은 손실을 입게 된 가장 큰 이유가 자신의 무지 때문이라는 사실을 결코 인정하지 않는다. 이들은 "월 스트리트"를 비난하거나, 알 수 없는 속임수로 자신의 돈을 빼앗아간 "약세론자"를 공격한다. 이들은 성공적인 주식 투기를 위해서는 그 어떤 분야보다 더 많은 노력과 연구, 지적인 능력, 인내심, 정신적인 훈련이 필요하다는 사실을 이해하지 못한다.

만약 프로 투기자들이 실제로 거둬들이는 투자 수익률이 얼마나 되는지 정확히 알게 된다면 아마추어 투기자들도 손실을 줄일 수 있을지 모른다. 가령 증권거래소 현장에서 활동하는 어떤 플로어 트레이더가 100만 달러를 자신의 투기 자금으로 운용한다고 하자. 이 트레이더는 장기적으로 매년 20%의 투자 수익률을 올리면 만족할 것이다. 사실 이 같은 수익률을 안정적으로 기록하는 트레이더는 그리 많지 않다. 그러나 2500달러의 자금을 운용하는 개인 투자자는 이 정도의 투자 수익률에 만족하지 않을 것이다. 이 개인 투자자는 모험을 하듯 자신이 알지도 못하는 게임에 뛰어들어놓고선 프로 트레이더보다 훨씬 더 높은 투자 수익률을 올릴 수 있을 것이라고 확신한다. 월 스트리트에서 대단한 부를 쌓았던 전설적인 투기자들 대부분은 장기적으로 12% 수준의 연평균 수익률을 기대하며 투자했다. 이 정도 수익률도 복리로 꾸준히 쌓이게 되면 투자 원금은 6년마다 두 배로 불어난다. 그러나 공부도 하지않고 무작정 주식시장에 뛰어든 사람들이 장기적으로 이 같은 투자 수익률을 올린다는 것은 상상하기 힘들다.

19

주식 투자의 철학

해밀턴은 주식시장의 기술적인 주제를 언급하면서 맛깔스러운 코멘트와 함께 자신이 월 스트리트 현장을 오랫동안 지켜보며 축적한 수많은 지혜들을 즐겨 소개했다. 사실 그의 이 같은 언급은 다우 이론과는 거의 무관한 것들이지만 그의 글을 읽어보면 누구나 놀라운 통찰력에 감탄을 금치 못할 것이다. 그는 어쩌면 자신이 알고 있는 지식을 어떻게 하든 독자들에게 전하고 싶었을 것이다; 혹은 그때그때 바뀌는 주식시장의 유행에 편승해 독자들을 오도하는 다른 신문기자들의 무지함을 깨우쳐주려는 의도를 속에 품고 있었는지도 모른다. 그런가 하면 독자들이 보내오는 편지에 답을 하면서 이해하기 쉽게 일부러 비유를 쓴 것일 수도 있다. 그의 속내가 무엇이었든 다음에 인용하는 내용은 그의 칼럼에서 무작위로 골라낸 것들인데 정말로 읽어볼 만한 것이다.

대세하락 흐름에서 나타나는 전형적인 2차적인 반등이 출현하면 이를 대세상승의 첫 번째 국면이라고 주장하는 분석가들이 꼭 있게 마련이다. 해밀턴은 당연히 이들의 의견에 동의하지 않았고, 이렇게 썼다: "제비 한 마리가 날아왔다고 해서 계절이 바뀌는 것은 아니다. 랠리가 한번 나타났다고 해서 강세장이 열리는 것은 아니다."(1908년 7월 8일)

한번은 대세상승장의 마지막 국면인데도 시장정보지들이 일제히 대단한 상승이 올 것이라고 예측한 일이 있다. 해밀턴은 〈월스트리트 저널〉의 독자들에게 이렇게 경고했다. "어떤 나무도 하늘 끝까지 자랄 수는 없다."(1908년 12월 23일)

"유명 증권회사들이 일반 투자자들에게 공매도용 주식을 대규모로 빌려주었다는 사실은 매우 흥미로우면서도 무언가를 분명하게 시사해주는 대목이다. 이것은 당연히 매도쪽 분위기가 우세하다는 것을 의미한다. 물론 이들이 나중에 어떤 입장에 처하든 빌린 주식을 갚지 못하는 일은 벌어지지 않을 것이다. 사실 이들이 빌린 주식보다 더 많은 주식을 팔았다면, 오히려 약세장이 더 깊어질 것이라고 선전해야 자신의 이익에 부합한다. 하지만 월 스트리트의 노련한 트레이더들은 이런 분위기에 쉽게 휩싸이지 않는다."(1921년 8월 21일) 이 글은 시장의 매도 분위기가 한창 고조되면서 일부 분석가들이 확신에 찬 어조로 이 같은 흐름이 더 강해질 것이라고 예상할 때 쓰여진 것이다. 해밀턴이 쓴 내용은 시장이 움직이는 논리를 잘 알려주고 있다.

그런가 하면 1921년 주식시장이 연중 최저치와 불과 3포인트 차이의 바닥 수준에 빠져있을 때 그는 다음과 같이 썼다: "투자자들이란 바닥에서는 절대로 사지 않고, 천정에서는 절대로 팔지 않는다는 점은 최근의 사례들이나 월 스트리트의 금언들에서 수없이 발견할 수 있다. 값싼 주식은 결코 매력적이지 않다. 이것은 역설이 아니라 시장의 기록이 보여주는 것이다. 만약 값싼 주식이 매력적이라면 오늘 주식시장은 활기가 넘쳤을 것이다. 흥분한 일반 투자자들이 앞을 다퉈 시장에 뛰어드는 모습이 여기저기서 목격됐을 것이다.……그러나 주위를 둘러봐도 증권회사에 그런 고객들은 별로 보이지 않는다."(1921년 3월 30일)

자신은 기업의 내재가치와 수익성에 기초해서 주식을 매수한다고 생각하는 투자자들의 정신 자세에 대해 해밀턴은 이렇게 썼다: "이런 투자자 역시 돈을 주고 산 주식을 잊어버릴 수는 없을 것이다. 틀림없이 매일 아침 신문에 난 주식시세표를 읽어야만 한다고 생각할 것이다.……그런데 매수한 주식이 몇 퍼센트 떨어지게 되면, 자신은 손실을 감수할 것이며 나름대로 교훈을 얻게 됐다고 말한다. 그러나 이는 교훈에 대해 완전히 잘못된 생각을 갖고 있는 것이다. 이런 투자자가 잊고 있는 것은 손실을 감수해야 한다는 사실이 아니라 처음에 왜 그 주식을 매수했는가 하는 점이다."(1921년 3월 30일)

다음에 소개하는 글은 최고의 주식조차도 훌륭한 내재가치와 뛰어난 수익성에도 불구하고 때로는 말도 되지 않을 정도로 급락하는 일이 왜 벌어지는가에 대해 아주 적절한 설명이다. 꼭 기억해둘 만한 내용

이다: "시장이 오랫동안 매도 공세에 시달리게 되면……기업 내용이 뛰어난 우량주가 부실한 주식보다 오히려 더 취약해질 때가 있다는 사실을 쉽게 잊어버린다. 우량주 시장은 늘 열려있는 반면, 부실주 시장은 이름뿐인 경우가 많다.……그러다 보니 급히 자금이 필요한 투자자들은 일단 가격이 형성된 우량주를 팔게 되는 것이다. 부실주는 갖고 있다 해도 아예 가격 형성이 안되기 때문이다."(1921년 3월 30일) 이런 경우는 우량주를 대량으로 보유한 소위 "큰손"이 대출금 상환 등에 필요해 주식을 팔 때 벌어진다. 물론 "큰손" 역시 잡동사니 주식들을 처분하고 싶은 마음이 굴뚝 같겠지만 이런 주식은 거래가 거의 없다 보니 팔고 싶어도 못파는 것이다.

해밀턴은 자신의 잘못을 스스로 비판하고 다우 이론의 정당성을 옹호할 때면 이렇게 썼다: "주가 흐름을 분석하면서 오류에 빠질 때는……대부분 다우가 밝혀낸 사려 깊으면서도 과학적인 원칙에서 벗어난 경우다."(1919년 8월 8일)

그는 2차적인 주가 조정이 격렬하게 벌어질 때면 칼럼을 통해 독자들에게 주식을 매수할 수 있는 용기를 가지라고 촉구하기도 했다: "……최악의 경우에도 이번 하락은 '이보 전진을 위해서는 일보 후퇴해야 한다(reculer pour mieux sauter)' 는 프랑스 속담처럼 더 높이 뛰어오르기 위해 한걸음 물러나는 것 이상은 될 수 없다."(1911년 7월 14일) 해밀턴은 2차적인 조정을 구별해낼 줄 아는 아주 놀라운 능력을 가졌는데, 그의 이런 능력을 믿는 사람에게 해밀턴의 이 같은 말은 늘 강세기조를 유지하라는 충고로 들렸다.

1924년부터 1929년까지 해밀턴은 거세게 일어나는 주식 투자의 열기와 투기의 소용돌이에 대해 수없이 이야기했다. 그는 매년 점점 더 많은 기업의 주식이 시장에 새로 공급되고 있다는 점에 주목했다. 그가 주목한 것은 기존의 대형 우량주 중심으로 투자했던 투자자들뿐만 아니라 전국민이 과거에는 주요 금융기관들만 참여했던 신규 상장 기업 주식을 매수하는 데 뛰어들고 있다는 사실이었다. 해밀턴 혼자만은 아니었겠지만 어쨌든 그는 이런 새로운 현상이 가져올 위험을 내다본 사람 가운데 한 명이었다. 앞으로 유동성이 급격히 위축되면 엄청난 재앙을 몰고 올 것이었기 때문이다. 그가 1925년에 쓴 다음 글에는 이런 경고성 내용이 담겨있지만, 그는 1929년 주가 대폭락이 벌어지기 직전까지 수 차례에 걸쳐 자신이 우려하는 바를 지적했다: "늘 시장의 기술적 상황을 염두에 두어야 한다.……만약 예기치 못한 일련의 사태가 발생해 대중들의 신뢰가 흔들린다면 전국적인 규모로 엄청난 매물이 쏟아질 것이다. 과거에는 뉴욕 정도에서 활동하는 투자자들의 보유물량이 매물로 나왔겠지만 이번에는 그 규모가 전국으로 확대돼 월 스트리트조차도 얼마나 많은 물량이 밀려들지 가늠할 수 없을 것이다." (1925년 3월 9일) 1929년의 주가 대폭락 이후 최악의 유동성 위기를 겪어야 했던 불운한 투자자라면 그의 이 같은 통찰이 무엇을 의미하는지 깨달았을 것이다.

　해밀턴에게 곧잘 장문의 편지를 띄웠던 〈월스트리트저널〉의 독자들은 자신이 사용하고 있는 특별한 투자 분석 시스템에 따라 앞으로의 주가 흐름에 대해 확실한 추론을 이끌어냈다고 주장하곤 했다. 해밀턴은 이에 대해 칼럼을 통해 이렇게 대답해주었다: "도그마에 빠져 주가 차트나 시장의 시스템, 보편적인 원칙마저 독단적으로 해석한다면 파멸의 길로 들어서는 것이다."(1909년 3월 17일) 다우 이론을 활용하는 사람에게 주가 차트는 마치 은행에서 장부를 사용하듯이 필수적인 것이다. 하지만 다우 이론을 공부하면서 너무 독단적으로 해석하거나 한 치의 오차도 용납하지 않으려는 자세는 피해야 한다. 우리가 예상했던 대로 시장이 정확히 움직이는 경우는 거의 없다는 사실은 모두들 잘 알고 있다. 해밀턴은 이렇게 갈파했다: "시장이 예측했던 대로 한 치의 오차도 없이 움직인다는 것은 도저히 있을 수 없는 불가사의한 일이다."(1906년 5월 19일)

일단 강세장의 흥분에 도취해 온통 대박론이 판을 치게 되면 해밀턴은 독자들에게 이렇게 경고했다: "모두들 앞으로 6개월간 대단한 강세장이 펼쳐질 것이며, 그 뒤에야 주식시장이 정점에 도달할 것이라고 말한다. 이처럼 장밋빛 환상으로 가득찬 미끼가 널려있는 것을 보면 아직까지도 충분한 물고기가 잡히지 않은 것 같다."(1909년 12월 20일) 재미있는 사실은 이 글이 쓰여진 뒤 불과 며칠 만에 강세장은 최후의 정점에 도달했다는 점이다. 해밀턴은 물고기(아마추어 투자자들)는 늘 자신이 소화할 수 있는 것보다 더 많은 미끼를 문다고 정확히 꿰뚫어보았다.

해밀턴은 또 이런 글도 남겼다: "……주식시장에서의 오랜 경험을 통해 알게 된 사실은 최고의 매수 타이밍을 알려주는 신호는 그야말로 멋지게 위장된 것일 수 있다는 점이다. 이와 비슷한 의미로 시장에서

욕을 얻어먹는 '내부자 매도'가 도리어 강세를 알려주는 것일 수 있다. 주식을 대규모로 보유하고 있는 내부자는 대개 남들에게 떠들어가면서 주식을 매도하지 않기 때문이다."(1923년 1월 16일) 시장에 나오는 뉴스가 종종 속임수일 수 있다는 사실을 경고하는 말이기도 하다. 만약 해밀턴이 1930~31년의 힘들고 어려웠던 시기를 살았다면, 이 시기에 수없이 등장했던 "장밋빛 환상으로 가득찬 미끼"를 덥석 물지 말라고 경고했을 것이다. 강력한 세력일수록 자신들이 보유한 주식을 파는 동안 다른 투자자들은 주식을 계속 보유하도록 온갖 노력을 기울일 게 분명하다.

1923년 4월 27일에 해밀턴은 이렇게 썼다: "학교에서 배운 경제학 지식도 다우 이론이 전해주는 내용을 뒤집을 수 없다고 생각한다."

"……다우존스 평균주가는 어떤 주가 예언자들보다 사려가 깊고 신중하다. 평균주가는 항상 입을 열지는 않기 때문이다."(1925년 12월 17일) 이 말은 고급 투자자문기관을 고를 때 염두에 두어야 할 좋은 충고다.

"월 스트리트의 노련한 트레이더라면 누구나 알고 있는 게 있다. 시장의 흐름을 올바로 읽어내는 투자자는 시장이 상승할 때는 매매를 해나가면서 투자 규모를 계속 늘려 이익을 더욱 크게 만들고, 하락할 때는 처음의 손실이 더 커지지 않도록 투자 규모를 늘리지 않는다. 이런 투자자는 대개 주가가 천정에 도달할 때까지 매수 단가를 높이며 보유 물량을 계속 늘려가는 반면, 비교적 적은 손실에도 깨끗이 시장에서 빠져 나온다."(1928년 12월 12일)

"강세장에서는 아무런 뉴스도 없다는 게 월 스트리트의 상식이다; 또한 주가가 지금까지 상승한 이유가 알려지게 되면 그것이 바로 강세장의 종언을 고하는 것인 경우가 아주 많다."(1912년 4월 1일)

주식시장이 약세에 빠져있는 동안 월 스트리트를 향해 정치인들이 강하게 비판하자 해밀턴은 분노한 듯 이렇게 썼다: "세상에 우리가 자신의 운명을 개척해나가도록 허락된 이 땅에서 미국의 정신도 제대로 발휘할 수 없다니 이게 말이 되는가? 역사적으로 뉴욕 주식시장은 누구도 예상할 수 없는 위험에 노출되지 않은 적이 거의 없었고, 위험이 닥쳐 유동성 위기에 빠지면 그 즉시 아무런 곤란도 겪지않고 이를 벗어난 적도 없었다."(1924년 11월 12일)

해밀턴이 쓴 《주식시장 바로미터》를 보면 이런 대목이 나온다: "옳은 판단을 했으나 그것이 너무 빨라서 돈을 잃은 사람들은 월 스트리트에서 부지기수로 만날 수 있다."

"정상적인 시장이란 현실적으로는 절대로 볼 수 없는 시장이다." (1911년 5월 4일)

"요즘은 누구나 주식 투자를 한다. 오랜 경험을 통해 알게 된 사실은 시장에서 모든 사람의 일치된 판단은 단지 몇몇 사람의 판단보다 결코 낫지 않다는 것이다."(1928년 12월 8일)

1929년 대강세장의 종말을 얼마 남겨놓지 않은 시점에 쓴 그의 너무나도 시의적절 했던 글을 읽어보자: "지금 주식시장에서 적극적으로 주식을 매수하며 보유 물량을 계속 늘려나가는 투자자들은 대부분 결코 외면하거나 신경을 덜 쓸 수도 없는 자기 사업을 따로 하고 있는 사

람들이다."(1928년 12월 8일)

〈월스트리트저널〉은 현명하게도 다른 많은 신문들이 상업적인 인기를 위해 빠뜨리지 않고 싣고 있던 연례 주가 예측을 다루지 않았다. 해밀턴은 자신이 편집국장으로 있는 신문이 왜 그렇게 하는지에 대해 이렇게 설명했다: "일반적으로 미래를 예측하기 보다는 과거를 돌아보는 것이 더 낫다. 신년 예측이란 막상 새해가 시작된 뒤 1주일도 지나기 전에 다 잊혀진다."(1929년 1월 1일)

1922년 5월에는 약세장이 올 것이라는 소문이 파다하게 퍼졌다; 당시 개인 투자자들 사이에는 앞서 주가를 강하게 끌어올렸던 '매집 세력'이 물량을 처분하고 있다는 이야기가 돌았다. 〈월스트리트저널〉은 결코 이런 소문을 다루지 않았고, 해밀턴은 독자들을 보호하기 위해 자신의 칼럼에 이렇게 썼다: "……주식시장의 '매집 세력'은 큰 소리로 떠들어가며 주식을 처분하기 않는 게 일반적이라는 사실을 분명히 밝혀둔다."(1922년 5월 22일) 재미있는 사실은 곧 이어 주식시장은 급상승세로 돌아서 거의 조정도 받지 않고 5개월 가까이 오름세를 이어갔다는 것이다.

"투기를 목적으로 주식을 샀는데 잘못된 주식을 매수했다든가, 혹은 드물게 나타나는 경우지만 옳은 주식을 샀는데 매수 타이밍이 잘못돼 손실을 보았을 때는 늘 자신의 잘못된 판단을 야기한 속죄양을 만들어내는 사람이 있다. 이런 사람은 주식시장이 이 나라 경제의 바로미터라는 사실도 무시한다. 혹은 바로미터를 먼저 읽고 경제를 그 다음에 읽어내면 돈을 벌 수 있을 것이라고 생각한다. 어쩌면 이런 생각

주식 투자의 철학 **173**

도 없이 아예 아무런 공부도 하지 않을지 모른다. 또 경제를 먼저 읽고 다음에 바로미터를 읽는다 해도 이런 사람에게는 소용이 없을 것이다. 이처럼 두 가지를 따로 떼어내 읽으려고 한다면 더욱 혼란스럽기만 할 것이다." (1923년 7월 30일)

"투기를 한다면······아주 드문 예외적인 경우를 제외하고는 어떤 주식도 시장 전체의 흐름을 거스른 채 홀로 상승하면서 이익을 가져다 주기를 기대해서는 안된다."

해밀턴은 주식 투기의 도덕성에 관해 이런 글을 남겼다: "······투기가 도박처럼 다른 사람의 돈을 따먹는 수준으로 타락하지 않는 한 나는 주식시장에 도덕성의 문제가 개입될 여지가 없다고 생각한다."

해밀턴은 독자들로부터 주식 투자에 관한 조언을 요구하는 편지를 너무 많이 받았고, 이로 인해 그는 독자들에게 이런 말을 남긴 채 한동안 글쓰기를 접기도 했다: "나는 칼럼을 쓰면서 뱁슨(월 스트리트에서 처음으로 시장정보지를 만든 로저 W. 뱁슨을 말한다-옮긴이) 같은 인물과 경쟁하고 싶은 생각은 추호도 없었으며, 보잘 것 없는 주가 예언자들을 정당화하고 싶은 마음도 없었다. (그런데도 사람들이 나를 그렇게 바라보는 것은) 내가 〈월스트리트저널〉에서 주가 흐름에 관해 설명한 내용들이 나로서는 철저히 배제했던 얄팍한 시장 정보처럼 취급됐기 때문이다."

해밀턴이 세상을 뜨기 불과 몇 주 전 발표된 그의 마지막 주가 예측을 얼마나 많은 독자들이 읽었고, 또 어떻게 반응했을지 생각해보는 것도 무척 흥미로울 것이다. 1929년 10월 26일자 〈월스트리트저널〉에 실린 칼럼에서 그는 이렇게 썼다: "다우존스 평균주가가 주식시장 바로미터로서 가리켜주는 것은 지난 수요일(10월 23일) 이후 시장의 큰 흐름이 명백하게 하락세로 방향을 틀었다는 점이다." 당시는 주식시장의 대다수 주가 예언자들이 "새로운 시대"라는 도그마에 여전히 사로잡혀 있을 때였다는 점을 감안하면, 이 글이야말로 그의 오랜 경력에 마침표를 찍는 기념비적인 문장으로 기억될 것이다.

〈해설〉

다우 이론과 로버트 레아

 이 책 《다우 이론》을 끝까지 읽고도 별다른 감동을 느끼지 못했다면, 그 이유는 아마도 이런 말로 요약할 수 있을 것이다. "대단한 투자 이론일 것이라고 생각했는데, 알고 보니 다우 이론도 별 개 아니더라." 충분히 그럴 수 있다. 한 세기 전에, 그것도 지구 건너편 미국의 월 스트리트에서 처음 고안된 이론이니 한국 독자들에게는 그리 가슴 깊이 와닿지 않을 수도 있다. 더구나 요즘 시중에 범람하는 "대박 종목 고르는 법"을 알려주는 류의 주식 투자 서적과 같은 내용을 기대했다면 실망이 이만저만이 아니었을 것이다.

 보다 진지한 독자라면 이런 의문을 제기할지도 모르겠다. "다우 이론은 이미 한물 간 이론 아닌가?" 그럴 수도 있다. 시대가 지나면 늘 새로운 이론이 나오고, 이전의 이론은 뒤떨어지게 마련이니까.

그러나 다시 한번 잘 생각해보면 다우 이론은 역시 대단한 투자 이론이라는 점을 느낄 수 있을 것이다. 우선 다우 이론은 투자 이론의 "고전"이다.

……

다우 이론은 찰스 H. 다우가 평균주가를 고안해서 발표한 데서 출발한다. 그 때가 1884년 7월 3일이다. 당시 뉴욕증권거래소에 상장돼있던 9개의 철도 기업을 포함해 모두 11개 기업의 주가를 단순 평균해서 산출한 것이 다우존스 평균주가의 시발점이다.(11개 종목의 그날 종가를 전부 합쳐 11로 나누었더니 69.93이었다.)

벌써 120여 년 전의 일이다. 물론 주식시장에 상장된 종목의 주가를 전부 합쳐 평균치를 내는 게 무슨 의미가 있느냐고 말할 수도 있다. 그러나 중요한 사실은 "전부 합쳐서 평균치를 낸다"는 사실은 시장 전체를 본다는 것을 의미한다. 다우 이론을 가리켜 투자 이론의 고전이라고 하는 것은 바로 이 때문이다.

그 시절 주식 투자는 도박이나 경마와 마찬가지 대접을 받았다. 마치 요즘 주위에서 흔히 볼 수 있는 사설 경마장처럼 사설 증권거래소(bucket shop)가 활개치던 때였다. 10%의 증거금만 내면 사설 증권거래소에서 아무 종목이나 살 수 있었고, 경마장에서 몇 번 말에 걸듯이 무조건 오를 것 같은 종목을 사는 게 당시 사설 증권거래소의 풍경이었다. 한마디로 주식시장이라는 개념조차 없었고, 주식 투자는 그저 "운이 좋으면 횡재할 수 있는"(증거금이 10%였으니 레버리지 효과도 컸을 것이다) 요행수일 뿐이었다.

다우는 이런 시대에 시장 전체를 조망할 수 있는 평균주가라는 개념을 고안한 것이었다. 아마도 지금처럼 컴퓨터가 있는 시대였다면 시가총액을 기준으로 한 "종합주가지수"를 만들었겠지만 당시는 계산기조차 없을 때였다. 그러다 보니 쉽게 계산할 수 있도록 그날 그날의 종가를 전부 합쳐 단순 평균주가를 낸 것이었다.

다우 이론은 이처럼 시장 전체를 처음으로 바라보는 출발점을 제공했다는 것만으로도 충분히 의미가 있다. 그리고 다우가 이 같은 평균주가를 만들어낸 목적은 미래의 주가 흐름을 예측하기 위한 것이었다. 다우가 1901년 〈월스트리트저널〉에 쓴 칼럼 가운데 일부를 읽어보자.

어떤 사람이 바닷가에서 조류가 들어왔다 나갔다 하는 것을 지켜보고 있다. 그는 파도가 육지 쪽으로 가장 깊숙이 들어오는 지점을 정확히 알고 싶었다. 그래서 파도가 밀려들어올 때마다 바닷물이 가장 깊숙이 닿은 지점에 막대기를 세워두었다. 파도는 점점 더 깊숙이 들어왔고, 그럴 때마다 막대기도 육지 쪽으로 더 깊은 곳에 꽂혔다. 그렇게 한참 깊숙이 막대기를 옮겨놓자 마침내 파도는 다시 천천히 바다 쪽으로 멀어져 갔다.

이 방법은 주식시장의 밀물과 썰물 같은 흐름을 관찰하고 예측하는 데 매우 유용하다. 주가의 파동은 마치 바닷물이 출렁이며 파도가 치는 것처럼 정점에 닿은 뒤에는 단 한 번에 제자리로 후퇴하지 않는다. 주가를 움직이는 힘은 천천히 밀려들어온다. 그리고 사람들이 이런 흐름을 명백하게 인식하는 데는 어느 정도의 시간이 필요하다.

다우가 쓴 이 글은 다우 이론의 출발점이자, 그 후 "기술적 분석"의 효시가 될 기념비적인 문장이었다. 다우 이론은 이처럼 과거의 주가 흐름을 바탕으로 미래의 주가 흐름을 예측하는 것이다. 여기에는 "역사는 되풀이될 것"이라는 중요한 전제가 바탕에 깔려있다.

물론 과거의 수치를 기초로 미래를 예측하는 방식은 얼마든지 있다. 또 다우가 평균주가를 고안한 이후 수없이 많은 주가지수가 새로 나왔다가 흔적도 없이 사라져갔다. 그러나 평균주가와 다우 이론이 아직도 살아 남아 그 명성을 이어가고 있는 것은 오랜 세월에 걸쳐 그 신뢰성을 검증 받았기 때문이다.

……

다우 이론은 앞서 인용했던 다우의 글에서 읽을 수 있듯이 "주가의 흐름은 일단 방향을 정하면 주식시장 그 자체가 모멘텀을 잃고, 방향을 바꾸기 이전까지 꾸준히 그 방향으로 지속되는 경향이 있다"는 것으로 요약할 수 있다. 물론 주식시장의 흐름은 바닷가에서 파도가 치는 것을 지켜보는 것처럼 그렇게 간단한 일이 아니다. 시장은 끊임없이 출렁거리기 때문이다.

다우 이론에서는 시장의 파동을 세 가지로 나누는데, 밀물과 썰물처럼 조류의 방향이 바뀌는 큰 흐름이 있고, 그 흐름을 거스르는 중간 크기의 파동이 있으며, 마지막으로 밀물이든 썰물이든 언제든 출렁거리며 밀려들었다가 부서지는 파도와 같은 작은 파동이 있다. 그리고 매일매일의 주가 흐름을 토대로 큰 흐름과 중간 크기의 파동을 찾아낸다. 그 중에서도 가장 중요한 것이 큰 파동으로, 대세상승이나 대세하락과 같이 적어도 1년 이상 그 방향이 지속되는 주식시장의 기본적인 흐름이다. 다우 이론에서는 이 같은 대세의 흐름을 파악하는 것이 무엇보다 중요하다고 강조한다.

......

찰스 H. 다우는 이 같은 다우 이론의 토대를 만들어놓고 1902년 세상을 떠났다. 다우 이론이 새롭게 주목받은 것은 이로부터 20년 뒤 윌리엄 피터 해밀턴이 《주식시장 바로미터》라는 책을 출간한 것이 계기가 됐다. 해밀턴은 이 책에서 평균주가야말로 주식시장은 물론 국내 및 세계 경제를 예측하는 바로미터라고 주장했다. 그리고 평균주가를 기초로 주식시장을 이해하고 예측하는 기술적 분석 기법을 처음으로 제시했다.

해밀턴은 다우에 이어 1907년 〈월스트리트저널〉의 네 번째 편집국장이 됐으며, 1929년 세상을 떠날 때까지 23년간 이 신문을 이끈 인물이다. 그는 다우가 죽은 다음 해인 1903년부터 갑작스럽게 세상을 떠나기 직전까지 〈월스트리트저널〉과 〈배런스〉에 252편의 칼럼을 남겼는데, 그가 쓴 글은 당시 월 스트리트에서 시장 분석의 교과서로 통했다.

어쨌든 해밀턴은 1900년대 초반까지 모호한 개념으로 남아있던 다우 이론을 실제로 활용해 1907년의 주가 대폭락 사태와 1914년 제 1차 세계대전을 앞두고 벌어진 주식시장의 침체, 1917년의 대약세장을 비롯해 1929년까지 발생한 여섯 차례의 대세상승과 대세하락을 정확히 예측했다. 특히 그가 세상을 떠나기 불과 몇 주 전 월스트리트저널에 쓴 "조류의 변화(A Turn in the Tide)" 칼럼은 1929년의 주가 대폭락은 물론 1930년대까지 이어진 사상 초유의 대공황을 예견한 기념비적인 주가 분석 칼럼으로 손꼽힌다.

그러나 해밀턴은 자신의 칼럼이 소위 투자자문가들이 주가를 예언하는 근거로 활용되거나, 혹은 당시 유행하던 "시장정보지"와 같은 취급을 받는 것을 싫어했다. 실제로 그는 이런 이유로 인해 한동안 주가 흐름에 관한 칼럼을 쓰지 않기도 했다. 한마디로 그는 다우 이론을 어디까지나 주가와 경제를 예측하는 바로미터로 활용했을 뿐, 직접 투자에 활용하지는 않았다.

따라서 다우가 처음 구상하고, 해밀턴이 개념적으로 더욱 발전시킨 다우 이론이 월 스트리트에서 인정하는 최고의 투자 이론으로 재탄생하는 데는 한 명의 인물이 더 필요했다. 바로 이 책을 쓴 로버트 레아였다.

......

레아가 이 책을 쓰게 된 계기는 무척이나 드라마틱하다. 원래 부유한 집안에서 태어난 레아는 미시시피 연안에서 여객선 사업을 하던 아버지의 권유로 일찌감치 주식에 눈을 떠 14세 때 처음 주식에 투자했다. 레아는 어린시절 결핵에 걸려 병약한 체질이었지만 의지력은 누구보다 강해 제 1차 세계대전이 발발하자 항공기 조종사로 참전했다. 그러나 1917년 자신이 몰던 항공기가 불시착하면서 프로펠러 조각이 폐를 관통하는 큰 부상을 입고, 한 쪽 폐를 제거한 채 평생을 침대에 누워지내야 했다.

대개의 경우 여기서 그 사람의 인생은 끝나버린다. 그러나 레아는 이것이 진정한 인생의 출발점이었다. 이 책에도 잠깐 나오지만 그가 새로운 인생을 시작하게 된 동기는 해밀턴의 칼럼이 제공했다. 그는 침대에 누워 월스트리트저널을 탐독했고, 특히 해밀턴의 칼럼을 누구보다 열심히 읽었다. 1921년 9월 21일자 〈월스트리트저널〉에 실린 해밀턴의 칼럼 제목은 "주가 흐름에 관한 연구(A Study in the Price Movement)"였고, 레아는 칼럼 제목처럼 죽을 때까지 주가 흐름에 관한 연구에 전념했다.

단순히 다우 이론을 연구하는 데 그친 것이 아니라 실제 시장의 움직임을 통해 이를 검증한 것이다. 또 해밀턴과 달리 자신이 직접 주식 투자를 하기도 했다. 레아의 글을 옮겨보자.

사실 필자는 당시 해밀턴의 이 칼럼(1921년 9월 21일자)을 읽고 약간의 주식과 채권을 매수했는데, 이 때의 투자 원금이 불어나 나중에 주택을 사고, 사업자금도 마련할 수 있었다. 또한 이 예측은 나로 하여금 그 후 몇 년간에 걸친 평균주가의 연구에 빠져들게 했다. 마치 무지개의 끝을 쫓는 것 같은 연구였지만 나에게는 정말 환상적이고, 개인적으로도 큰 이익이 된 경험이었다.

레아가 여기서 인용한 해밀턴의 칼럼이 〈월스트리트저널〉에 실린 시점은 주식시장이 암울한 상황에 처해있을 무렵이었다. 그러나 해밀턴은 주식시장이 곧 장기적인 상승 국면으로 전환할 것이라고 예측했고, 많은 독자들이 그에게 이유를 밝히라고 요구했다. 해밀턴이 칼럼에서 밝힌 이유를 들어보자.

비관주의자들이 바라보는 모든 부정적인 요인들은 전부 나왔다. 독일 시중은행들의 부도 사태, 철도 운임의 폭락과 임금 하락, 관세 및 소득세를 둘러싼 불확실성, 이런 문제를 해결해야 할 의회의 미온적인 태도 등이 그것들이다. 내가 답하겠다. 주식시장은 이 모든 것들을 이미 반영하고 있다. 주식시장은 그 어떤 경제평론가보다 훨씬 더 많고 충실한 정보원을 갖고 있다.

너무나 명쾌하지 않은가? 비록 침대에 메인 몸이지만 혼신의 노력을 다해 다우 이론을 연구할 만하지 않았겠는가? 그 산물이 바로 이 책이다. 레아는 해밀턴이 세상을 떠난 뒤 월 스트리트에서 최고의 "다우이스트(Dowist)"로 손꼽혔고, 또 해밀턴의 뒤를 이어 〈배런스〉에 시장 분석 칼럼을 연재했다. 1932년부터는 5000여 명의 유료 독자를 상대로 〈다우 이론 코멘트〉를 발간하기도 했다. 그는 다우 이론에 기초해 1931년 약세장의 바닥을 정확히 예측했고, 1937년에는 주식시장의 추세가 마침내 대세상승 흐름으로 반전됐음을 알림으로써 다우 이론의 주가 예측력을 다시 한번 입증했다.

레아는 이 책에서 다우 이론의 용어와 개념을 처음으로 정리했고, 해밀턴이 칼럼에서 지적한 내용을 실제 주가 움직임을 통해 확인했다. 또 자신의 직접 투자를 통해 다우 이론이 현장에서의 투자 전략으로 매우 유용하게 쓰일 수 있음을 처음으로 검증했다. 다우존스 평균주가를 처음으로 발표한 찰스 H. 다우가 다우 이론의 기본적인 틀을 창안했다면, 윌리엄 피터 해밀턴은 다우 이론을 경제 및 주가 예측 수단으로 체계화했고, 로버트 레아가 마침내 다우 이론을 최고의 투자 원칙으로 월 스트리트에 널리 전파했다고 할 수 있는 것이다.

......

서점에 가보면 이런 제목의 책을 쉽게 발견할 수 있다. "외국인은 이런 종목을 고른다" "외국인 투자자 따라잡기" "외인 9단의 종목 선정"…… 그런가 하면 신문에서도 외국인 투자자들의 수익률이 국내 기관투자가나 개인 투자자들보다 훨씬 높다는 기사를 자주 접하게 된다.

한마디로 외국인 투자자들은 국내 주식시장에서 확실한 강자라고 할 수 있다.

왜 그럴까? 외국인들이 국내 주식시장에 대한 정보를 많이 갖고 있기 때문일까? 아니면 그들이 움직이는 자금의 규모가 크기 때문일까? 사실 개인 투자자들에 비해서는 외국인 투자자들이 정보력도 뛰어나고, 자금력도 크다고 말할 수 있다. 하지만 국내 기관투자가와 비교한다면 말이 달라진다. 제아무리 뛰어난 외국인이라 하더라도 국내 주식시장에 관한 한 내국인(국내 증권회사나 보험회사, 은행, 기금, 자산운용회사)보다 정보력이 강하기는 어려울 것이다. 외국인의 자금 동원력 역시 요즘 국내 기관투자가의 풍부한 자금력을 감안하면 그리 대단할 게 없다. 실제로 매일매일의 투자자별 주식 거래 현황을 봐도 외국인들의 매매 규모는 개인과 기관투자가에 비해 적은 수준이다.

정보도 아니고, 자금도 아니라면 외국인이 강한 이유는 무엇일까? 그것은 지식이다. 그들이 주식시장을 바라보는 눈과 마음에는 100년이 훨씬 넘는 기간 동안 축적된 지식이 숨어있다. 원시적인 형태로나마 다우존스 평균주가가 처음으로 세상에 발표된 게 벌써 120년 전이다.

시장 전체를 보는 눈을 가진 다음에야 비로소 기술적 분석도 가능하다. 기술적 분석이 발전해 온통 여기에 매달리자 "가치주"라는 개념이 나왔고, 이어서 성장주 투자 이론도 나올 수 있었다. 이런 이론을 전부 뒤집은 효율적 시장 이론도 한때를 풍미했다. 선물 옵션의 위험을 측정한 블랙-숄즈 모델을 비롯해 수많은 이론과 모델이 나왔다.

그러나 그 바탕은 늘 고전이었다. 어느 분야에서든 비약이란 있을 수 없다. 투자의 세계에서도 마찬가지다. 지식은 쌓여가는 것이다. 그 밑바닥에서 튼튼히 받쳐주는 게 바로 고전이다. 다우 이론의 진정한 의미는 그것이 고전이고, 100년이 넘는 기간 동안 검증 받았다는 점이다.

국내에 나와있는 투자 관련 서적들 가운데 고전의 반열에 들 수 있는 책들은 그리 많지 않다. 거의가 투자 서적의 최후 단계라고 할 수 있는 "대박 종목을 고르는 방법"에 초점을 맞추고 있다. 당연히 전혀 검증 받지도 않은 방법이다. 주식시장에서 몇 년 활동하면서 큰 돈을 번 소위 "고수"들이 이야기하는 투자 기법들이 마치 최고의 투자 원칙처럼 받아들여진다. 다시 한번 강조하지만 비약은 없다.

외국인들이 강하다는 것은 바꿔 말하면 내국인들이 약하다는 말이다. 비약을 했기 때문이다. 찬찬히 고전을 읽고 외국인 투자자들이 걸어온 길을 되짚어가면서 그들이 쌓은 지식을 습득해야 하는 것은 이 때문이다.

2005년 12월
박정태

다우 이론
The Dow Theory

1판1쇄 펴낸날 2005년 12월 26일
1판3쇄 펴낸날 2022년 7월 30일

지은이 로버트 레아
옮긴이 박정태
펴낸이 서정예
표지디자인 디자인 이유
펴낸곳 굿모닝북스

등록 제2002-27호
주소 (410-837) 경기도 고양시 일산동구 호수로 672 804호
전화 031-819-2569
FAX 031-819-2568
e-mail goodbook2002@daum.net

가격 9,800원
ISBN 89-91378-05-6 03320

*잘못된 책은 구입하신 서점에서 바꿔드립니다.
*이 책의 전부 또는 일부를 재사용하려면 사전에
 서면으로 굿모닝북스의 동의를 받아야 합니다.